●●保育内容●●
指導法「言葉」
―乳幼児と育む豊かなことばの世界―

大橋喜美子
川北　典子
編著

糸井　　嘉
大森　弘子
岡本　雅子
小川　徳子
隠岐　厚美
久保木亮子
多田　琴子
長谷　雄一
平野　知見
福井姿寿子
安原千香子
共著

建帛社
KENPAKUSHA

はじめに

2017（平成29）年3月に告示された「保育内容『言葉』」の領域では，「幼児が生活の中で，言葉の響きやリズム，新しい言葉や表現などに触れ，これらを使う楽しさを味わえるようにすること。その際，絵本や物語に親しんだり，言葉遊びなどをしたりすることを通して，言葉が豊かになるようにすること」が追加された。ここでは，領域「言葉」の保育の内容を示すとともに，「言葉」の指導法についてもふれている。領域「言葉」の指導法は，幼稚園や保育所等で子どもの資質や能力が生かせる環境を整え，保育者と子どもの主体的で対話的な生活から，より望ましい人格へと育ち・育てられるために，具体的に子どものあるべき姿を想定しながら，保育者が専門性を十分に生かすことが求められる。

2018（平成30）年4月より施行されている保育所保育指針，幼稚園教育要領，幼保連携型認定こども園教育・保育要領では，「生きる力」の要素として，「知識・技能の基礎」「思考力・判断力・表現力等の基礎」「学びに向かう力・人間性等」をあげている。そして，「幼児期の終わりまでに育ってほしい姿」を具体的に10項目示している。ここでの育ちは，「言葉と環境」が大きく影響することはいうまでもなく，子どもを育てる一つの要素としての「領域『言葉』の指導法」は保育者に求められる保育の質と関わってくる。

指導という言葉は，何かを教えるためのカリキュラム構成のイメージが頭に浮かぶ人も一般的には多いかと思うが，乳幼児教育における指導法は，あくまで遊びの中で子どもが言葉を軸とした，その周辺領域を含む力を獲得していくための環境としてとらえなくてはならない。そこで，本書における「領域『言葉』の指導法」は，子どもの「生きる力」を支えるための対話から始まるアクティブ・ラーニングの要素を含んだ保育者の専門性を目指している。

近年の日本社会は，言葉の美しさに感動したり，言葉を綴って文章にしたりするなど，言葉を通して，じっくり物事を考えたり，判断したりする機会が減少して，子どもの主体性や協調性，共同性といった姿がみえにくくなってきたように感じている。

本書では，保育所保育指針，幼稚園教育要領，幼保連携型認定こども園教育・保育要領等に準拠しながら，日本の言葉の美しさに感動できる育ちを原点として，乳幼児の発達の道筋と言葉の表現に弱さをもつ子どもの支援，それらの基本に加えて，グローバルな視野で国際社会に対応できる言語理解と指導法，子どもが楽しい体験となる児童文化，地域で語り継がれてきた民話を保育者と子どもが共に創る保育実践の事例，指導案の作成などを盛り込み，子どもが自分の想いを表現できる内容の指導法であることを願ってできたテキストである。

最後に，本書にご協力下さった，保育所や認定こども園の関係者の皆様，共編著者の川北典子先生はじめ共同執筆いただいた先生方，建帛社の編集者の皆様に深く感謝申し上げます。

2019年10月

編者を代表して　大橋　喜美子

目　　次

第1章　指導法「言葉」と保育　　　*1*

1．乳幼児の保育において指導法「言葉」はなぜ必要なのか？ ················ *1*
　　（1）表情と言葉 ·· *2*
　　（2）「どうして？」から始まる言葉と指導法 ·· *2*
　　（3）教育方法としての指導法「言葉」と計画 ··· *3*
2．保育の内容と指導法 ··· *4*
　　（1）5領域との関連 ·· *4*
　　（2）3歳未満児の保育と指導法「言葉」 ··· *5*
3．2018年3法改定（訂）と指導法「言葉」 ·· *5*
　　（1）3つの施設において重視することと共有すべき事項と指導法「言葉」の関連 ·· *6*
　　（2）保育内容「言葉」に関する保育と指導の事例 ······································· *7*
4．改定（訂）による0歳から3歳までの言葉 ·· *8*
　　（1）乳児保育における3つのねらい ·· *8*
　　（2）乳幼児の豊かな言葉は応答と信頼から ··· *9*

第2章　子どもの発達を基盤とした指導法「言葉」　　　*11*

1．0歳児（乳児期）の発達と言葉 ·· *11*
　　（1）胎児期（妊娠2か月の終わり頃から出生までの時期） ·························· *11*
　　（2）新生児期（出生より4週間） ··· *12*
　　（3）乳児期（誕生から1歳未満） ··· *13*
2．1歳前後〜2歳児（幼児期前期）の発達と言葉 ·· *15*
　　（1）1歳児の育ち ·· *15*
　　（2）1歳児の言葉の特徴 ··· *17*
　　（3）2歳児の育ち ·· *19*
3．3歳児から4歳児の発達と言葉 ·· *21*
　　（1）3歳児の発達と言葉 ··· *21*
　　（2）4歳児の発達と言葉 ··· *23*
4．就学前児の発達と言葉 ·· *24*
　　（1）5歳児の発達と言葉 ··· *24*
　　（2）就学に向けて ··· *25*

iv　目　次

第3章　対話と共感から生まれる保育　　27

1．対話とは何か……………………………………………………27
2．共感とは何か……………………………………………………27
3．対話と共感から生まれる保育…………………………………28
　（1）保育現場での受容的・応答的な関わり……………………29
　（2）保育現場での指さしによる対話と共感…………………29
4．生活の中での対話と共感………………………………………31
　（1）自分の欲求を言葉で伝える………………………………31
　（2）言葉を交わす喜び…………………………………………32
　（3）絵本や物語などで，その内容と自分の経験とを結び付ける…33
5．遊びの中での対話と共感………………………………………34

第4章　保育教材としての児童文化財　　37

1．言葉と関連の深い保育教材……………………………………37
　（1）絵　　　本…………………………………………………37
　（2）紙　芝　居…………………………………………………39
　（3）幼年文学と詩………………………………………………41
　（4）言葉遊びとわらべうた……………………………………42
　（5）お は な し…………………………………………………44
　（6）人　形　劇…………………………………………………46
　（7）劇　遊　び…………………………………………………48
2．保育教材の工夫と製作…………………………………………50
　（1）保育教材を作るときに大切なこと………………………50
　（2）人形の種類…………………………………………………50
　（3）片手遣い人形の作り方……………………………………50
　（4）人形の使い方………………………………………………52
　（5）人形劇のつくり方…………………………………………54
　（6）子どもの遊びにつなげる…………………………………55
【コラム】絵本のある保育環境……………………………………57
【実践例】劇遊びのスケジュール…………………………………58

第5章　配慮を必要とする子どもへの支援　　60

1．配慮を必要とする子ども………………………………………60
　（1）「配慮を必要とする」とは…………………………………60

（2）ICF（国際生活機能分類）に学ぶ···61

（3）インクルージョン（インクルーシブ教育・保育）に学ぶ·····················61

（4）言葉の"障害"の判断···61

2．言葉の仕組みと発達··62

（1）コミュニケーションの成り立ち···62

（2）言葉の仕組みと発達···63

（3）言葉の発達が困難である事例···64

3．支援において考えたいこと··68

（1）話したい思いの育ち①：信頼関係の確立「話したい人」·····················68

（2）話したい思いの育ち②：周囲への興味・関心「話したいこと」···········69

（3）言葉として育つための土壌···69

（4）トータルコミュニケーション···69

（5）言葉そのものの育ち···70

（6）専門機関との連携···70

（7）広い視野・長い目···71

第6章　多文化共生時代における外国にルーツのある子どもへの支援　73

1．日本における多文化化の現状··73

（1）多文化共生保育とは···73

（2）日本の多文化化の現状とは···73

2．外国にルーツのある子どもの現状···75

（1）差異の可視性：ニューカマーとオールドカマー···································75

（2）外国にルーツのある子どもの姿と保育の課題·······································76

（3）母語の重要性···77

3．外国にルーツのある子どもの保育を考える··78

（1）保育を考える際のポイント···78

4．オーストラリアの保育実践：五感経験と造形表現による言語支援············80

（1）多様性を尊重した保育環境···80

（2）ESLの幼児の事例とプロジェクトアプローチの実際·····························80

第7章　小学校との接続　83

1．話すこと··83

（1）他者に伝わる話をするには···83

（2）思いや考えを話す···84

（3）保育所，幼稚園等での体験を活かしながら展開される，小学1年生の「国語」·····86

vi　目　次

　2．聞 く こ と ……………………………………………………………………………… 86
　　（1）先生や友だちの話を聞く ………………………………………………… 87
　　（2）豊かな「言葉」を聞く ……………………………………………………… 87
　　（3）話し言葉と，おはなしの言葉 …………………………………………… 88
　3．読 み 書 き ……………………………………………………………………………… 89
　　（1）絵を読み，文字を読む …………………………………………………… 89
　　（2）文字を書く必要感 ………………………………………………………… 90
　　（3）読みたい・書きたいと思うこと ………………………………………… 91
　【コラム】子どもと言葉遊び …………………………………………………………… 92

第8章　指導法「言葉」と模擬保育　93

　1．指導案の作成 ………………………………………………………………………… 93
　　（1）発達の流れから …………………………………………………………… 93
　　（2）指導案を考える …………………………………………………………… 97
　2．保育の実施 …………………………………………………………………………… 98
　3．保育の振り返り ……………………………………………………………………… 98
　　（1）子どもの立場 ……………………………………………………………… 99
　　（2）保育者の立場 ……………………………………………………………… 100
　【実践例】指　導　案 …………………………………………………………………… 101

第9章　保育者と子どもが共に創る保育　102

　1．高砂市の民話の取り組みの始まり ……………………………………………… 102
　2．ふるさとの愛につつまれて豊かな心を育む ……………………………………… 103
　　（1）子育て応援フェア ………………………………………………………… 103
　　（2）各園の民話絵本と民話歌「9つの高砂物語」完成 …………………… 103
　3．北浜こども園の取り組み …………………………………………………………… 106
　　（1）民話に親しむ ……………………………………………………………… 106
　　（2）民話の語り―感謝を込めて思いをつなぐ― ………………………… 112
　4．お わ り に …………………………………………………………………………… 113
　　（1）豊かな心を育む民話の力 ………………………………………………… 113
　　（2）今後の課題と展望 ………………………………………………………… 113
　【コラム】外国の絵本から楽しさを実感する保育実践 …………………………… 114

■索　　引 …………………………………………………………………………………… 116

第1章 指導法「言葉」と保育

1. 乳幼児の保育において指導法「言葉」はなぜ必要なのか？

　保育所保育指針（以下，本章において保育指針）では，「第1章総則　1 保育所保育に関する基本原則（2）保育の目標」として「ア 保育所は，子どもが生涯にわたる人間形成にとって極めて重要な時期に，その生活時間の大半を過ごす場である。このため，保育所の保育は，子どもが現在を最も良く生き，望ましい未来をつくり出す力の基礎を培うために」とある。幼稚園教育要領（以下，本章において教育要領）の「第1章総則　第1 幼稚園教育の基本」では，「生涯にわたる人格形成の基礎を培う」「幼児の特性を踏まえた環境」「幼児の主体的な活動」などが強調されている。また，幼保連携型認定こども園教育・保育要領（以下，本章において教育・保育要領）では，「第1章総則　第1 幼保連携型認定こども園における教育及び保育の基本及び目標等　2 幼保連携型認定こども園における教育及び保育の目標」において「幼保連携型認定こども園は，家庭との連携を図りながら，（中略，筆者注）生活を通して，生きる力の基礎を育成するよう認定こども園法第9条に規定する幼保連携型認定こども園の教育及び保育の目標の達成に努めなければならない。幼保連携型認定こども園は，このことにより，義務教育及びその後の教育の基礎を培うとともに子どもの最善の利益を考慮しつつ，その生活を保障し，（中略，筆者注）育成するものとする」とある。

　ここで注目したいキーワードは，生活・人格形成・生きる力・教育であり，生きる力は，子ども自らが身に付けていく力である。また，教育とは，外からの手段によって人として望ましい力が身に付くように整える知的な環境といってもよいだろう。そのキーワードには基礎といった言葉がかかっている。つまり，ここでは，環境を通して，生きる力の基礎を培うことのできる人格形成を目指す教育が保育の基本と考えてよいだろう。

　そうした保育の基本である生きる力の基礎となる教育は，子どもに「言葉」を通して伝達され，子どもが考えて自ら歩む力へと発達すると考えられるが，子どもの最善の利益のための言葉の指導法でなければならない。そこにおける指導法「言葉」とは何か。

　言葉での表現は，人の心と心を通わすことができる人間の営みである。

　では，それを指導するのが，指導法なのだろうか。指導というと何かを教えなければならないとか，規律的な教えを伝達するといった考え方になりがちだが，乳幼児を対象とした場合の指導法は，意味合いが少し異なる。

　乳幼児期の保育内容は5領域（健康，人間関係，環境，言葉，表現）であり，保育実践はその総合的な営みである。そこが小学校での教科教育と異なるところである。だからこそ，環境が必要なのである。そのため，ここで述べる指導法は，言葉を中心とした子どもの環境を整えることそのものが言葉の指導法だととらえていきたい。

（1）表情と言葉

　近年，日本で生活する外国籍の子どもが増加している。文部科学省の調べでは，公立学校に在籍する外国人児童生徒数は，2004（平成16）年度では7万345名であったが，2015（平成27）年度では7万6,282名となっている。近年は約7万人台で推移している。

　このような状況から，日本に居住するようになった外国籍の子どもが幼稚園，保育所，認定こども園に入ってくるケースも少なくない。ましてや就学前になると，こうした子どもたちとの言葉のやりとりを通したコミュニケーションはていねいな指導の方法が必要となる。しかし，こうした背景にある子どもたちの心と心を結ぶ絆は，指導の方法を考える前に，文脈をもって話し始めるまでの子どもと同様の情緒的かつ情感的な関わりが大切である。

　世界中には，いろいろな言葉がある。例えば日本語で「おはよう」は，英語では「Good morning（グッド モーニング）」，デンマーク語では「Godmorgen（ゴ モーン）」，フランス語「Bonjour（ボンジュール）」，ドイツ語では「Guten Morgen（グーテン モルゲン）」，中国語「早上好（ザオ シャン ハオ）」，韓国語「안녕하세요（アンニョンハセヨ）」などである。このように，言葉は文字の読み方，発音も，さまざまである。しかし，私たちが，知り合ったばかりの外国の人に朝の早い時間帯に会ったとしよう。相手が母国語で話し，こちらにとっては言葉が通じないと感じたときでも，何となくその人の表情や雰囲気を読み取り，こちらの母国語で「おはよう」とあいさつすることがあるだろう。そのような場合でも，その人の表情や動作で何となく意思の疎通が図れることがあるのではないだろうか。意思の疎通が図れるばかりではなく，その人の雰囲気でさらに好感をもち，この人はなんて素敵な笑顔を見せてくれるのだろうかなどと思い，その人のことを知ってみたいとか，もう少し話をしてみたいということになるのではないだろうか。

　子どもにとっても同様のことがいえる。このように，言葉は意味が正確にわからない場合でも雰囲気で何を話しているのかがわかったり，共感できたりすることがある。

　言葉を獲得する以前の0歳児であっても，周囲の人は表情から，その子どもの要求や気持ちの変化を読み取って共感したり，対話としてのやりとりがあったりするのである。

　このように言葉は，発語だけではなく表情で語ることもあり，人と人の心を結ぶ大切な表現方法なのである。子どもの表情は一方で共感であったり，認めてほしいことであったり，要求であったりする。

　そこで，保育者は子どもの表情をしっかり受け止めていけることが大切であり，子どもの心の内面を理解していかなければならない。

（2）「どうして？」から始まる言葉と指導法

　言葉とは何のために存在するのだろうか。ボルノー（Bollnow, O. F.）は『問いへの教育』の中で，「問うということ」は，人間だけの営みであって，動物は問うことができないと述べている。動物は「何かを求めたり，何かを見つけたりすること」はできても「問い」はないというのである[1]。保育場面でもみられるように，人間にとっての問いとは，そのことによって知識を得て知の世界へと広がりをみせることは確かであるといえよう。

子どもは，興味をもったことや不思議に思ったことを「どうして？」と尋ねることがある。特に3歳頃になると，「どうして？」「なんで？」を連発する姿がみられるようになる。では，「どうして？」を連発する子どもには，何が育つのだろうか。気質的には，おそらく豊かな感性の育ちが，気付きを言葉で表現するといった行為を生むのではないだろうか。3歳以前は感性や情緒の変化によって笑顔を見せたり泣いたりして伝えてくるが，3歳を過ぎると多くの子どもは言葉で自分の思いを伝えたり，疑問に思うこと，不思議に思うことなどを尋ねてきたりする。

　このような思いや気付きについて，他者と共有したり自分の中で納得いく結果が得られたりすることは，感性と知性がマッチングした喜びとなり，その積み重ねは自己肯定感につながるものであるといえよう。言葉が心と心を結び自己肯定感を育てるのである。自己肯定感を育てることは，日本の教育の大きな柱である「生きる力」を育てることになる基本ともいえる概念と考えてもよいのではないだろうか。

　自己肯定感の概念はさまざまな解釈が存在する。このことについて，高垣は規定されていない概念であると指摘している[2]。そうしながら，「自分が自分であって大丈夫」とした「存在レベルの肯定」が自己肯定感であると述べている。久芳らは，自己肯定感について「自分自身のあり方を概して肯定する気持ち」としている[3]。

　自己肯定感の育ちは，表現を変えて述べるならば，安定した気持ちと情緒の育ちの中で豊かな感性が育ち，困難を乗り越えることができる力であり，長い人生を見通した深い意味での幸せにつながるものであるといえよう。

　人は言葉によって喜びややる気があふれ出て，つらいことや悲しいことも愛情ある言葉によって乗り越えることができる。その乗り越える基盤となるのが自己肯定感の育ちであり，自分らしく生き，人の考えも受け入れることができる人格を備えることになる。乳幼児期は，幸せな人生や社会を創る礎となる力の基礎を育てなければならないのである。

　では，子どもの発達過程ではどのようになるのだろうか。「どうして？」を連発する以前の0歳児，1歳児，2歳児前半の子どもは，その子どもが何を言いたいのか大人が表情から話したいことを読み取って話しかけたり，子どもも表情で自分の気持ちを伝えようとすることがある。また，それをさらに相手に伝えようと表情と共に身振り手振りでの表現があったりもする。こうして，子どもの言葉は文脈をもって話し始めるようになるまで，全身を使って表現するが，こうした表現はもう一つの言葉であるとも解釈できる。

（3）教育方法としての指導法「言葉」と計画

　表情から読み取る言葉の一方で，乳幼児期から，母国語を正しく美しく感じ取り，学び，その意味を理解しながら話すことは大切である。その基盤は，発達に合わせて知性と感性を紡いでいくことである。人が人らしく育つ大切な要素である。

　乳幼児の保育の場では，教育要領や保育指針，教育・保育要領に共通して，幼児教育で育つ力として3つの「資質・能力」（p.6，表1-3参照）が述べられているが，その背景として存在するのは，子どもを取り巻く環境であり，人の心と心を受け止めて理解し合いお互いの人格を

認め合っていけるのは言葉である。そうした言葉は，乳児期から大切に命が育まれ成長していくことで，相手の表情を読み取って応えようとする力が育ち，コミュニケーションが豊かになる基盤ができるのである。

　指導法「言葉」は，子どもを取り巻く環境を背景とした教育であり，環境を整えるのが指導全域にわたる方法である。その指導法「言葉」は，子どもの生涯にわたる生きる力の基礎となる資質・能力として，自己肯定感の育ちに大いに影響することをしっかりと考えた内容でありたい。

　３つの施設の場（幼稚園・保育所・認定こども園を示す。以下同）においては，そのための計画が必要となる。教育要領では「教育課程」，保育指針では「全体的な計画」，教育・保育要領では「教育及び保育の内容並びに子育ての支援等に関する全体的な計画」の中に，子どもの興味・関心に沿った保育を展開させる計画の作成が求められる。そして，指導法「言葉」は，保育の計画の中に基本となる存在として反映させなければならない。

2．保育の内容と指導法

（1）5領域との関連

　保育内容「言葉」の指導法は，保育内容5領域における「言葉」の領域についての指導の方法を示している。「言葉」は5領域のすべての分野に関連している総合的な営みの中でも環境と合わせて核となる存在である。では，その指導法にはどのような保育観に基づいた保育の方法があるのだろうか。指導法「言葉」の前提となる考え方は，教育要領や保育指針などに示されている。そこでは，領域「言葉」について，「経験したことや考えたことなどを自分なりの言葉で表現し，相手の話す言葉を聞こうとする意欲や態度を育て，言葉に対する感覚や言葉で表現する力を養う」とある。具体的なねらいや内容を表1-1，表1-2に示す。

　前述したように，乳幼児の育ちにとって望ましい環境や保育者の関わりを保育の方法として見つけていくのが指導法である。

表1-1　保育のねらい

（1）自分の気持ちを言葉で表現する楽しさを味わう。 （2）人の言葉や話などをよく聞き，自分の経験したことや考えたことを話し，伝え合う喜びを味わう。 （3）日常生活に必要な言葉が分かるようになるとともに，絵本や物語などに親しみ，言葉に対する感覚を豊かにし，先生や友達と心を通わせる。

（文部科学省：幼稚園教育要領，第2章-言葉-1，2017）

表1-2　保育の内容

(1) 先生や友達の言葉や話に興味や関心をもち，親しみをもって聞いたり，話したりする。
(2) したり，見たり，聞いたり，感じたり，考えたりなどしたことを自分なりに言葉で表現する。
(3) したいこと，してほしいことを言葉で表現したり，分からないことを尋ねたりする。
(4) 人の話を注意して聞き，相手に分かるように話す。
(5) 生活の中で必要な言葉が分かり，使う。
(6) 親しみをもって日常の挨拶をする。
(7) 生活の中で言葉の楽しさや美しさに気付く。
(8) いろいろな体験を通じてイメージや言葉を豊かにする。
(9) 絵本や物語などに親しみ，興味をもって聞き，想像をする楽しさを味わう。
(10) 日常生活の中で，文字などで伝える楽しさを味わう。

（文部科学省：幼稚園教育要領，第2章-言葉-2，2017）

（2）3歳未満児の保育と指導法「言葉」

　乳児保育における「保育」の用語の解釈であるが，保育指針の内容から読み取ると「保育は養護と教育の一体的な営み」であり，教育・保育要領では「認定こども園は教育及び保育を行う場」とある。3歳未満児の保育や教育は，何かを教えるということよりも，発達にふさわしい環境を整えて，保育者と愛着関係を育みながら，生命の保持と情緒の安定の中で，自ら意欲的に触れてみたい，してみたいといった気持ちを育てることが大切であり，それが教育であるといえる。

　そのための保育のねらい及び内容は，満1歳以上3歳未満児では5領域で示されているが，5領域は生活の中で切り離せるものではない。言葉と環境を基盤とした5領域は子どもの生活と総合的な活動すなわち遊びから始まるのである。

　例えば，1歳児が砂浜で手指を使って絵を描いていたとしよう。また，誰かが作った砂の模様を眺めていたとしよう。そうした遊びが，おもしろい，楽しいといった感動を伴う言葉と結び付き，やがて幼児期には文脈をもって話したり，文字で表現したりするようになるのである。

　乳幼児期の指導法「言葉」は，子どもの心を耕すための大切な保育の方法である。

写真1-1　指で砂に線を描く1歳児

3．2018年3法改定（訂）と指導法「言葉」

　3法とは，文部科学省告示の幼稚園教育要領，厚生労働省告示の保育所保育指針，内閣府・文部科学省・厚生労働省共同告示の幼保連携型認定こども園教育・保育要領に関わる3つの法令をさす。この3法は，2017（平成29）年3月に告示され，2018（平成30）年4月より施行されている。

（1） 3つの施設において重視することと共有すべき事項と指導法「言葉」の関連

3つの施設とは，前掲の3法令によって設立運営されている幼稚園，保育所（園），認定こども園を指している。この3つの施設では，「保育の基本は環境を通して行うもの」「生きる力を育むため，資質・能力を育むこと」「幼児期の終わりまでに育ってほしい姿を明確にして取り組むこと」「小学校教育との接続をより円滑にすること」の4つの項目が重視されている。その4項目のうち，「生きる力を育むため，資質・能力を育むこと」については特に重視され，具体的には資質・能力（表1-3）として3つの柱が示されている。この3つの資質・能力は，「生涯にわたる生きる力」の基礎を培うためとされて，3つの資質・能力が一体的に育まれることが望まれている。いずれも指導法「言葉」の領域として，すべてに関連している内容と考えることができる。

幼児教育を行う施設の3つの共有すべき資質・能力の柱（表1-3）は，小学校学習指導要領においても，「学びを人生や社会に生かそうとする学びに向かう力・人間性の涵養」「生きていく知識・技能の習得」「未知の状況にも対応できる思考力，判断力，表現力の育成」としてあげられている。学校教育において，就学前の子どもの「生きる力の基礎」について，生涯にわたる接続や連続性として重要視されていることが理解できる。

その上で，幼児期の終わりまでに育ってほしい力として10の姿をあげている（表1-4）。この10の姿だけをみていると，そのような10の姿を目標とするのは無理だとか，不安だとかいった声が聞こえてきそうであるが，この10の姿は，就学時までに達成することを求めているのではなく，あくまで一つの判断の資料として望ましい姿をあげている。そして，保幼小連携や接続のために活用する資料とされ，ここでも保育者との連携に活用されるのではないかと思われる。

表1-3　幼児教育を行う施設の共有すべき事項の資質・能力

（ア）豊かな体験を通じて，感じたり，気付いたり，分かったり，できるようになったりする「知識及び技能の基礎」
（イ）気付いたことや，できるようになったことなどを使い，考えたり，試したり，工夫したり，表現したりする「思考力，判断力，表現力等の基礎」
（ウ）心情，意欲，態度が育つ中で，よりよい生活を営もうとする「学びに向かう力，人間性等」

（文部科学省：幼稚園教育要領，第1章第2-1，2017，
厚生労働省：保育所保育指針，第1章4-（1），2017，
内閣府・文部科学省・厚生労働省：幼保連携型認定こども園教育・保育要領，第1-3-（1），2017）

表1-4　幼児期の終わりまでに育ってほしい10の姿

□健康な心と体	□思考力の芽生え
□自立心	□自然との関わり・生命尊重
□協同性	□数量や図形，標識や文字などへの関心・感覚
□道徳性・規範意識の芽生え	□言葉による伝え合い
□社会生活との関わり	□豊かな感性と表現

（文部科学省：幼稚園教育要領，第1章第2-3，2017，
厚生労働省：保育所保育指針，第1章4-（2），2017，
内閣府・文部科学省・厚生労働省：幼保連携型認定こども園教育・保育要領，第1章第1-3-（3），2017）

10の姿（表1-4）を広義にとらえると，「言葉」はその核をなすものである。そして，保育者との信頼関係を基盤とした教育観の基に，指導の方法を志向していくことが大切である。

また，この10の姿は保育者と子どもの間だけではなく，子ども間における喜びや共感などを共有しながら子どもが子ども時代を豊かに過ごす中で培われた自己肯定感の相互作用は，教育要領，保育指針，教育・保育要領の目標にも通じるものと考えるとよいだろう（図1-1）。

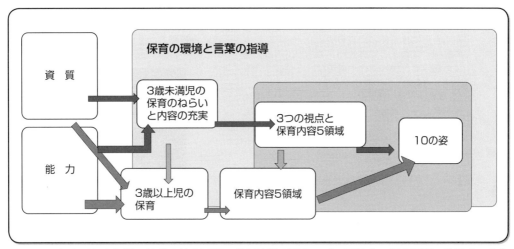

図1-1 保育所保育指針・幼稚園教育要領・幼保連携型認定こども園教育・保育要領に共通する内容と言葉の指導との関連

（筆者作成）

（2）保育内容「言葉」に関する保育と指導の事例

ここでは，資質・能力と保育内容「言葉」と指導法「言葉」の保育について事例から考えてみよう。

表1-5　事例から学ぶ

年　齢	保育内容と指導（働きかけ）	資質・能力との関連と子どもの姿
0歳児	心地よい音楽を聴いたり，リズムのあるわらべ歌に合わせたりしながらふれあい遊びを楽しむ。 （保育者は，子どもにやさしく語りかけて，乳児の心地よさを引き出しながらふれあい，快さを促す）	「豊かな感性と表現」から，保育者との信頼感が育つ。
1歳児	繰り返しリズムのある文脈の絵本に親しむ。 （1歳児が理解できる生活絵本『おふろでちゃぷちゃぷ』『おててがでたよ』『はけたよはけたよ』，ふれあい遊びの絵本『いないいないばあ』などを選定して，少しゆっくりと間を保ちながら読んでみよう）	「言葉による伝え合い」「豊かな感性と表現」から，言葉のリズムを楽しみ，快い日々を過ごす。

2歳児	絵本を題材としたリズム遊びを楽しみ「〜になったつもり」を十分経験しよう。 (『わたしのワンピース』など，想像を伴わない繰り返しのリズムがある絵本で，つもりになって遊べる体験を十分楽しめるように働きかけよう) 	「言葉による伝え合い」「豊かな感性と表現」「思考力の芽生え」から，言葉の繰り返しのやりとりを楽しみ，話すこと，聞くことが大好きになる。
3歳児	リズム遊びでは，ケンケンやスキップなどを取り入れて，体を動かして想像性をふくらませながら自由に体を使って表現する。一方で，絵本の展開にリズムと意外性のある『てぶくろ』を読み聞かせた後に影絵や劇遊びへと発展させると楽しめるのもこの時期である。 (3歳児は自己主張が強く，自分の世界の中で表現を楽しむ。言葉でも相手に自分の思いを伝えるようになる。自由に好きなように表現遊びをする環境をつくる。そして，保育者から子どもの想いを聞いて言葉を引き出す)	「健康な心と体」「豊かな感性と表現」「思考力の芽生え」「言葉による伝え合い」から，のびのびと自己表現することで，自己を発揮していきながら，時間をかけながら折り合いを覚える。
4歳児	絵本『かみなりむすめ』『花さき山』などの主人公のやさしさや悲しさ，つらさなどが出ている絵本を楽しんで繰り返し読む。 (絵本に出てくる主人公の感情や心の動きを受け止めることができるようになってくるので，そうしたストーリー性のある絵本を選び，登場する人たちの心について話し合ってみる)	「健康な心と体」「豊かな感性と表現」「思考力の芽生え」「協同性」「道徳性・規範意識の芽生え」「社会生活との関わり」などから，主人公の気持ちを理解して，感性と共に感情のコントロールを言葉で表現できるようになる。
5歳児	子どもが友だちと話し合いながらストーリーを描き，それを基に劇遊びをする。セリフや音楽についても自分たちで話し合って自分たちなりの構成を考える。 (保育者は，一人ひとりの子どもが真剣に考えて，生き生きと取り組み，達成感が育つように働きかける)	「健康な心と体」「自立心」「協同性」「道徳性・規範意識の芽生え」「社会生活との関わり」「思考力の芽生え」「自然との関わり・生命尊重」「数量や図形，標識や文字などへの関心・感覚」「言葉による伝え合い」「豊かな感性と表現」から，科学的客観的な見方をすると同時に，起承転結をもって話すようになる。

(筆者作成)

4．改定（訂）による0歳から3歳までの言葉

(1) 乳児保育における3つのねらい

　保育指針，教育・保育要領では，乳児の保育について，ていねいに記載されている。
　その一つとして，乳児保育のねらいは3つの視点（図1-2）でまとめられている。これは，乳児期から就学に至るまでの連続した保育の考え方に基づくものである。特に乳児期の3つの視点は，幼児期に向けての「言葉」を育む土台であり，それぞれの時期に適切な環境と多くの関わりの中で，発達の姿を基盤としてじっくりと育っていき，就学に向かう姿を迎えるために大切なことである。
　指導法「言葉」は，以下のねらいや内容が乳幼児のよりよい発達につながるように，適切な

4. 改定（訂）による0歳から3歳までの言葉　*9*

```
身体的発達に関する視点

〈健やかに伸び伸びと育つ〉
・健康な心と体を育て，自ら健康で安全な生活をつくり出す力の基盤を培う。


社会的発達に関する視点

〈身近な人と気持ちが通じ合う〉
・受容的・応答的な関わりの下で，何かを伝えようとする意欲や身近な大人との信
　頼関係を育て，人と関わる力の基盤を培う。


精神的発達に関する視点

〈身近なものと関わり感性が育つ〉
・身近な環境に興味や好奇心をもって関わり，感じたことや考えたことを表現する
　力の基盤を培う。
```

図1-2　乳児保育の基本的事項
（厚生労働省：保育所保育指針，第2章1-（2），2017　を基に筆者作成）

援助を系統的に全体的な計画の中に組み入れていることを示している。

　そうした子どもの育ちに「言葉」がどのように影響するのだろうか。また，その基本はどこにあるのだろうかということについて，考えていきたい。

　乳児保育に関わるねらいと内容は基本的事項において示されている。なかでも3つの視点（図1-2）は，この時期の発達の特徴を踏まえて，「身体的発達に関する視点」「社会的発達に関する視点」「精神的発達に関する視点」が述べられている。

　これら3つの視点は，養護としての「生命の保持」「情緒の安定」につながる保育の内容として生活の中で総合的に展開されなければならない。さらに，こうした3つの視点はすべて「言葉」と関わり，潜在的な意味での物的人的環境の中で育つ大切な「言葉」の指導法であるといえる。

　それは，乳児期から生涯にわたる未来の姿へと見通しをもつことの大切さを示しているといえよう。

（2）乳幼児の豊かな言葉は応答と信頼から

　教育・保育要領では，「乳幼児期においては生命の保持が図られ安定した情緒の下で自己を十分に発揮することにより発達に必要な体験を得ていくものであることを考慮して，園児の主体的な活動を促し，乳幼児期にふさわしい生活が展開されるようにすること」とされている（第1章総則　第1　幼保連携型認定こども園における教育及び保育の基本及び目標等　1　幼保連携型認定こども園における教育及び保育の基本（2））。

　保育指針，教育要領においても，その基本的な内容は同じと考えてよいだろう。

　一人ひとりの子どもが健康で安全な環境が守られ子どもの生理的欲求が満たされつつ快適に

生活できるよう，子どもの発達に合わせて子どもが意欲的に生活できる基盤を整えることが大切である。子どもは保育者との信頼関係を築きながら日常的に安心して日々を過ごすことで情緒が安定し，毎日の生活が楽しいと感じることができる。そうした日々の営みは，自己肯定感の育ちにつながるのである。保育者は子どもの発達や個性を十分に把握しながら保育を進めることが求められることになる。

　さらに，保育指針や教育・保育要領では，乳児期および満1歳以上満3歳未満の園児の保育に関する視点と領域，「ねらい及び内容」ならびに「内容の取扱い」を明示したこと，乳児期および満1歳以上満3歳未満の園児の保育について，保育の3つの視点と領域，保育のねらいと内容を明確にして，3歳未満児の保育がその後の育ちに大切であることを強調している。そうした柱を中心に指導法「言葉」は存在するのである（p.7，図1-1参照）。

　そのように考えると，本書では，子どもの心を豊かにし，健康な体をつくる人格形成の核となる大きな目標の基に指導法「言葉」を位置付けていきたい。2018（平成30）年4月より施行されている教育要領，保育指針，教育・保育要領では，乳児期から就学までの望ましい発達の姿を見通している。

　そして，何よりも指導法「言葉」として大切にしたい基本は，保育者と子どもの間で応答によって結ばれる信頼感であり，そうしたさまざまな体験の積み重ねである自己肯定感の育ちへと育まれるものでありたい。

引用文献

1）O.F.ボルノー著／森田　孝・大塚恵一訳編：問いへの教育 増補版，川島書店，2001，p.181.
2）髙垣忠一郎：私の心理臨床実践と「自己肯定感」，立命館産業社会論集『立命館産業社会論集』，45（1），2009，p.6.
3）久芳美恵子・齊藤真沙美・小林正幸：「小・中・高校生の自己肯定感に関する研究」，東京女子体育大学・東京女子体育短期大学紀要，42，2007，p.51.

参考文献

・無藤　隆：平成29年告示　幼稚園教育要領 保育所保育指針 幼保連携型認定こども園教育・保育要領　3法令改訂（定）の要点とこれからの保育，チャイルド社，2017.
・大橋喜美子：保育のこれからを考える保育・教育課程論，保育出版社，2017.
・文部科学省：幼稚園教育要領，2017.
・厚生労働省：保育所保育指針，2017.
・内閣府・文部科学省・厚生労働省：幼保連携型認定こども園教育・保育要領，2017.
・文部科学省：平成27年度学校基本調査（2015.5.1現在）
・文部科学省：小学校学習指導要領，2017.

第2章 子どもの発達を基盤とした指導法「言葉」

　子どもは，周囲の大人や子ども同士の関わりの中で言葉を獲得していく。それは，言葉だけが独自に発達するのではなく，子どもの身体的な発育・心の育ちなどのさまざまな諸側面が，互いにリードしたり，引き上げられたり，また押し上げられたりしながら，絡み合うように関連し，総合的に育っていくことを意味する。つまり，全体的発達の中での言葉の発達である。それゆえ保育者や周囲の大人には，個々の子どもの発達に応じた関わりが求められる。

　本章では，子ども自身が自分の思いを表現できる指導法とはどのようなものかを，子どもの発達の様子を基に考えていく。

　なお，発達は，英語では "development"，ドイツ語では "Entwicklung" というように，時の流れにつれて包みがほどけ，その中身があらわになる状態をその語源としている。それは，生命の誕生から死に至るまでの心身の質的・量的な変化・変容の過程を意味する。特に子どもの発達の過程は，絶えず行きつ戻りつを繰り返し，時には停滞した様相をみせながらも，一定の方向性や順序性をもって進んでいく。ただ，その進み具合など，個人差は大きい。

1. 0歳児（乳児期）の発達と言葉

　乳児期を，英語では "early infancy" という。infant の語源が "話せぬもの" であることを考えると，乳児期は，話し始めるまでの時期をさしているといえる。いわゆる「言語を獲得する前の，前言語期の基礎の時期でもある」[1]。

　この時期の子どもには，「視覚，聴覚などの感覚や，座る，はう，歩くなどの運動機能が著しく発達し，特定の大人との応答的な関わりを通じて，情緒的な絆が形成される」（保育所保育指針「第2章保育の内容　1 乳児保育に関わるねらい及び内容（1）基本的事項　ア」）といった発達の特徴がある。ここでは，胎児期・新生児期・乳児期の3つの時期に分けて，1歳未満頃までの発達の様子と言葉についてみていく。

（1）胎児期（妊娠2か月の終わり頃から出生までの時期）

　言葉の発達においては，周囲の音を聞き取る聴覚の働きが重要になる。今日では，聴覚は母親の胎内にいるときから発達し始め，胎児期にはすでに，母親の体をめぐる血流音や心臓の音，母親自身の声が聞こえていることは，よく知られている。例えば，生まれたばかりの乳児に，母親の声と他の女性の声を聞かせると，明らかに母親の声に強い反応を示す。また，胎内で聞いていた母国語を，出生後，聞き慣れない国の言葉と一緒に聞かせると，母国語のほうを好んで聞こうとすることも確かめられている。このことから，生まれる前からすでに，胎内で言葉は意識されており，乳児は胎児の頃に聞いた音声を記憶し，区別できるほどに認識してい

ることがうかがえ，出生後の言葉の獲得に向けた準備は，母親の胎内にいるときからすでに始まっていることがわかる。

（2）新生児期（出生より4週間）

　生後1週間くらいまで，乳児は1日の大半を眠って過ごす。そのため新生児の1日は，眠る→空腹→泣く→オッパイを飲む→満腹→眠る…の単調な繰り返しだけのように思われがちである。しかしそこには，ほぼ規則正しい眠りと目覚めのリズムがある。また，じっと見つめたり，口をもぐもぐさせたり，身体を動かしたり，ほほ笑んだり，身ぶるいをしたり…といった行動もみせる。自発運動や，原始反射などである。これらの行動は，決まったパターンとして現れる。同時にその行動は，周囲の大人の意識・関心を自らに向けさせるものとなる。例えば，自発運動の一つである"自発的ほほ笑み"をみた大人は，「何か楽しい夢でもみているのかしら。どんな夢なのか，聞いてみたい」など，自然と心が乳児に向き，その寝顔をじっと見つめたり，愛らしくてほほ笑み返したりする姿をみせる。

　また出生直後から，乳児は大人の語りかけに対して微妙に手足を動かして反応することもわかっている。これは人工的な音に対しては起こらず，新生児も人に対して何らかの働きかけをしていることを示すものである。したがって周囲の大人は，このような小さな反応に対しても，きちんと対応していくことが大切である。

写真2-1　生後4日目

　ファンツ（Fantz,R.L.）の研究からは，乳児は新生児期からすでに，人の顔を好んで注視するという特徴をもつことがわかっている（図2-1）。乳児に顔をじっと見つめられた大人は，自分に向けられた乳児の眼差しが何かを語りかけているかのように感じ，思わず声をかけたり，世話をしたりなど，相手をせずにはいられなくなってくるのである。

　さらに，新生児の視力は0.02程度であるが，これは抱っこされたとき，その人の顔（目・眉のあたり）がぼんやりと見える程度の視力である。このため，母親はミルクを飲ませるとき，乳児が自分の顔をじっと見つめているような，まるで何か話しかけてきているかのような気持ちになるという。そして，抱いているわが子にそっと語りかけたり，小さな手を握ったり，優しくほほ笑んだりと，応答を繰り返す。

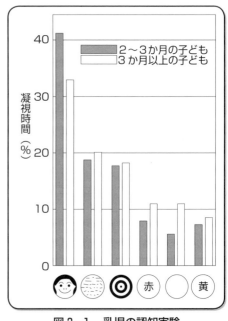

図2-1　乳児の認知実験
（隠岐忠彦編：乳幼児の発達，ミネルヴァ書房，1978，p.140）

このようにして乳児は，言葉こそまだ発してはいないが，出生後から言葉以外の（非言語的な）さまざまな方法を用いて，周囲の大人が思わずあやしたり，話しかけたりしたくなるような大人からの働きかけを誘発し，コミュニケーションへと導く姿をみせるのである。

周囲の大人は，乳児のまだ言葉にはならない気持ちを受け止め，しっかりと心を向けて応答しようとする姿勢が大切である。

(3) 乳児期（誕生から1歳未満）

乳児期の発声は，産声（うぶごえ）から始まる。出生後は主として不快なときの泣き声だけであるが，生後約1か月の泣き声に変化がでてきた頃，並行して，泣き声以外の発声が始まる。これは「クーイング」と呼ばれるもので，気持ちのよいときや平穏時にみせる「アー」「クー」「クオーン」というようなやわらかな発声である。このようなとき，大人は子どもの顔を覗き込むようにして目を合わせたり，時には頬にそっと触れたりしながら「そうなの」「お話しているの」など，子どもの発声に応じたりする。乳児にとって，自分が出した声を温かく受け止め，そこに意味を見出しながら応えてくれる大人の存在は，安心感をもたらす。これが，身近な大人とのやりとりを楽しむことへとつながっていく。

このような受容的・応答的な関わりが繰り返し積み重ねられ，乳児は「喃語（なんご）」が出て，指さしや身振りによるコミュニケーションを経験していく。その中で子どもは，初めて意味がわかる言葉「初語（しょご）」を話すようになる。

写真2-2　生後2か月 社会的微笑の始まり

1）喃　　語

喃語は，先のクーイングが発達したもので，まだ意味をもたない音声活動である。子どもがゆったりと落ち着いた，機嫌のよいときにみられる。主に反復音が特徴である。

個人差はあるものの，生後5～6か月くらいになると乳児は，複雑な音声が出せるようになり，反復喃語を盛んに発するようになってくる。例えば，目覚めた子どもが「ンマンマンマ」「アイアイアイ」など，ベッドで声を出して一人で遊んでいるかのようなときがある。身体を動かしたりしながら機嫌よく声を出している様子は，乳児が自分の声や，発声それ自体を楽しんでいるようでもある。保育者や周囲の大人は，このような姿を優しく受け止め，喃語や発声などに表情豊かに言葉で応えることが，乳児の発語の意欲を育てることにつながっていく。

こうした遊び的な発声活動を通して，子どもは次第に分化した音を聞き分けられるようになってくる。したがって，この時期にみられる喃語活動は，その後の話し言葉を学習するための基礎となる重要なものである。

2）指　さ　し

指さしとは，「対象を手や指でさし示すことであり，非言語的なコミュニケーションの一種である」[2]。また，機嫌のよいときにみられることが多い。

生後4か月頃から，乳児は人が見つめる対象や方向を自分でも見つめることができるように

なる。さらに，生後7～8か月頃になると，人が指さす方向を見ることができるようになり，生後9か月頃からは，自分でも人に伝えたい対象を指さすようになる。

初めは，「ア，ア」「アー！」などと言いながら，目についたものを何でも指さすような姿がみられる。保育者や周囲の大人はその都度，子どもの指さすほうを見て，「それは，お花ね」「きれいな，お花ね」「それは，机」「机に，さわってみる？」など，子どもの心の動きと表現しようとする意欲を受け止め，共感しながら，一つひとつゆっくりとていねいに言葉で応答する。このようなやりとりを何度も繰り返しながら，子どもは自分が指さしたものを覚えるようになる。そして，「机は？」という問いかけに対し，子どもは指さしで答えるようになってくるのである。

このように，コミュニケーションの3要素である「伝え手」と「受け手」と「指示対象」という関係が成り立つことで，まだ子どもが言葉を話す前に，指さしによって大人とのコミュニケーションが成立するようになる。子どもにとって指さしは，コミュニケーションの道具であり，言葉としての役割をもつのである。

3）初　　語

子どもの初めての言語的発話（意味をもった言葉）が初語である。同じ状況に特定の音を結び付けて発するもので，個人差はあるものの，生後10か月頃から誕生日を迎える頃に現れる。

例えば，離乳食や食卓の上の料理を見て，そちらを指さしながら「マンマ」と語を発するとき，食べ物そのものを意味する以外に，食べ物に関係するいろいろな経験が含まれていることがある。料理から立ち上る湯気や，食卓に並べられた食器やスプーンを見たときにも「マンマ」と言う場合である。このようなとき大人は，乳児の「マンマ」という言葉を聞いて，「そうね，おいしそうね」「これは，○○ちゃんのスプーンね」「ごはんを食べましょうね」など，子どもが伝えようとしていることや，思い起こしているであろうことを推し量りながら応答する。このやりとりが，一語文へとつながるのである。

こうして，乳児の世界に言葉が登場してくる。保育者や周囲の大人は，子どもの話そうとする意欲を受け止め，楽しい雰囲気の中で穏やかに優しく話しかけるなど，積極的に言葉のやりとりを楽しむことができるよう心がけることが大切である。

4）乳児期の泣きについて

ここまでみてきたように，新生児の発声のほとんどは，生理的に不快なときの泣き声である。ただ大人にとって，新生児の泣き方はリズミカルで，泣き声もまだあまり耳ざわりなものではない。

ところが生後1か月を過ぎる頃になると，泣き声や泣き方に変化が出てくる（図2-2）。それまでの一律的だった泣き方はリズムが崩れ，泣き声にも力強さが出てくる。また，空腹や，排尿・排便による不快感，退屈などに

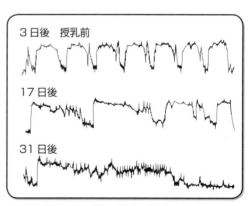

図2-2　泣く行動の生後の変化
（隠岐忠彦編：乳幼児の発達，ミネルヴァ書房，1978, p.94）

よる泣き方にも違いが出てくるようになる。この違いを感じ取って，大人は適切に対応をすることができるようになるのである。

　その後，乳児期の泣きは表現手段の一つとして用いられるようになる。例えば，甘えたいときや，誰かが持っているものを自分もほしいとき，やりたくないことをやらされそうになったとき，などである。いずれにおいてもまずは，子どもの気持ちを受け入れて，それから対処することが望ましい。

　よく，「赤ちゃんは泣いてばかりで言葉を話さないから，なぜ泣いているのかわからない」という言葉を耳にする。確かに，この頃の子どもは「泣く」ことで自分の要求を伝えようとする。そのため大人は，乳児が泣いている理由を推し量りながら，その要求を一刻も早く満たそうと懸命に試行錯誤を繰り返す。そして，うまく対応することができて乳児が泣き止んだとき，大人も安堵感を覚えるのである。

　このように，日常生活の中で，泣く→大人が迅速に対応する→要求が満たされ泣き止む…の繰り返しを積み重ねることで，子どもの，自分は要求に応えてもらえる存在であると知ることや，他者に自分の意思を伝えたいという気持ちを育てることにつながっていくのである。

2．1歳前後〜2歳児（幼児期前期）の発達と言葉

　この時期の子どもは，「歩き始めから，歩く，走る，跳ぶなどへと，基本的な運動機能が次第に発達し，排泄の自立のための身体的機能も整うように」（保育所保育指針「第2章保育の内容 2 1歳以上3歳未満児の保育に関わるねらい及び内容（1）基本的事項　ア」）なってくる。親指と人差し指でものをつまんだり，2つの積み木で塔をつくるなどの細かな動作もできるようになってくるなど，指先の機能も発達する。また，「発声も明瞭になり，語彙も増加し，自分の意思や欲求を言葉で表出できるように」（同上）なってくる。いわゆる，言葉の獲得開始期といわれる言語の発達の目覚ましい時期でもある。これらにより，子どもは行動範囲が広がり，身近な人や身の回りのものに自発的に働きかけていくようになってくる。その一方で，自我が芽生え，強く自己主張する姿もみられるようになるのである。

　このような発達の特徴を踏まえ，ここでは，1歳児前半，1歳児後半，2歳児に大別し，その育ちと言葉の特徴についてみていくこととする。なお，幼児期前期は著しい発達をみせるがゆえに，時として大きな個人差がみられることや，目に見える子どもの姿には，その背景に過去から現在に至るまでの育ちをベースにした広がりと質的な深まりがあることに十分に留意したい。

（1）1歳児の育ち
1）1歳児前半の姿
　この時期は，基本的な運動機能の発達に伴って徐々に自分の体を思うように動かすことができるようになってくる。そして，それまでの座る，はう，立つ，つたい歩きを経て，一人歩きに至る。特に，子どもにとって一人歩きは，自分の意思で「行きたい」ところへ自由に移動で

きることや，好奇心が旺盛になっていく中で「したい」ことができることにつながる。これが，子どもの身近な環境に働きかける意欲を，さらに高めていくことに結び付けるのである。

しかし，目的に向かって歩き始めた足元が気持ちに追いつかず，転んで泣く姿を見かける。このようなとき，子どもを抱き起こしながら，「痛かったね」「一生懸命に歩いていたの，ちゃんと見ていたよ」「ビックリしたね」など，子どもの気持ちや，子どもが伝えたいことを言葉で表現し，優しく声をかけることが肝要である。大人の温かく，共感的で優しい言葉を聞く経験を重ねる中で，子どもは自分の気持ちを表す言葉や，どのように表現すればよいのかなどを，生活の中で身に付けていくのである。

2）1歳児後半の姿

① **行動範囲の広がりと，周囲の人への興味・関心**　一人歩きを繰り返す中で，歩くことが安定してくると，子どもの行動範囲は大きく広がる。そして，周りの「人」にも高い関心をもつようになり，他の子どもの行動やしぐさ，年長児や身近な大人の言葉などを真似る（模倣する）姿がみられるようになる。

例えば，テーブルに向かい合って座っている子どもが「アーン」と言いながら大きく口を開けると，同じように自分も「アーン」と言いながら大きく口を開けて見せ，それをおもしろがって互いに顔を見合わせて笑ったりする。また，年長児たちがウサギをなでながら「かわいいね」と話しているのを見て，自分も同じようにウサギをなでたり，「カワイイネ」と，そのしぐさや言葉を真似たりする。時には，自分が困ったときに保育者が「どうしたの」と優しく声をかけてくれたことを，他の子どもに対して同じように行ったりする，などである。このようなときは，「○○ちゃんと△△ちゃん，楽しそうね」「優しくなでてもらって，ウサギさん，うれしそうね」など，子どもの行動や気持ちをていねいに言語化しながら，子ども同士の関わりを温かく見守るよう心がけたい。

② **象徴機能の発達**　認知や言語の発達に非常に重要な機能と考えられているものに象徴機能があるが，これはおおむね1歳半頃に現れる。ピアジェ（Piaget.J.）によると「イメージは模倣が内面化されたもの」[3]であり，「感覚運動期における遊びと模倣の発達が象徴機能を準備する」[4]のである。この時期は，象徴機能が発達し，イメージする力がさらに育って，語彙数も増え，子どもはさまざまな場面や，ものへのイメージをふくらませて遊ぶようになる。

例えば，子どもが自ら，お気に入りのぬいぐるみを背中にくくり付けてもらい，遊んでいる姿がある。遊びの中で，実際には目の前にいない赤ちゃんを頭の中でイメージし，ぬいぐるみを赤ちゃんに見立てているのである。

③ **身体的機能の発達**　指先の機能が発達するにつれて，手を使ってできることが増えてくる。これは，子どもにとって自分でできることが増えることを意味する。例えば，絵本をめくったり，食事の場面では，自分でスプーンを握り，口に運ぼうとする。また，着替えの際には，自分から上着を脱ごうとするなど，身の回りのことを自分でしようとする姿がみられるようになる。

このようなとき，大人の温かい眼差しや，「そうそう！　上手，上手！」「よいしょ，よ

2. 1歳前後〜2歳児（幼児期前期）の発達と言葉　　*17*

いしょ」などの，子どもを励まし，力付けるような言葉がけが，子どもの自分でしようと
する意欲を支え，言葉を含む心身の発達を促すことにつながる。

　一方で，自分一人ではスプーンを口にうまく運べなかったり，何とか口元に運べたとし
ても，そのときにはスプーンは空っぽだったりすることもしばしばみられる。

　また，一人で脱ごうとした上着の袖がうまく抜けずに困ってしまい，泣いたり，癇癪を
起こしたりするなど，大人の助けを必要とする時期でもある。保育者や周囲の大人には，
さりげない手助けとともに，「上手にお口に運べたね」「ここまで一人でできたの。えら
かったね」など，子どもの一人でしようとする気持ちに寄り添った言葉がけをするなどの
対応が求められる。

　こうした生活の中で繰り返される，まだ言葉にはならない子どもの思いをていねいに汲
み取った周囲の大人の応答が，子どもの心と言葉を育むのである。

④　**いざこざ，物の取り合い**　　この時期は「わたしの」「ぼくの」という，自他の物の区
別がつくようになってくる。そのため，友だちとの間で物を取り合う姿がよくみられるよ
うになる。大抵は，これがいざこざの発端となる。例えば，手に持っていた玩具を他の子
どもが触ろうとすると，「○○ちゃんの！」「イヤー」と，玩具を取られまいとする。ま
た，友だちが遊んでいるブロックが目にとまると，さっと手を伸ばす。ブロックを取られ
た子どもは「ダメー」と泣き叫ぶ，などである。

　物の取り合いは，言葉を獲得し始め，自我が芽生えてくるこの時期，友だちや周囲の人
への関心が高まってはいるものの，まだ相手の気持ちに気付けなかったり，今は誰が使っ
ているのか，その玩具は誰のものかなど，所有の意識も今一つ不確かだったりすることも
多いために起こる。このようなときは，「どうしたの？」など，子どもたちの思いを優し
く聞き出しながら，子どもが互いに自分なりの言葉で思いを伝え合う仲立ちをすることが
肝要である。そして，「遊んでいたのを，急に持って行かれてビックリしたね」「△△ちゃ
んも，ブロックがほしかったんだって」「今は，○○ちゃんが使ってたんだって」「貸して
ほしいときは"かして"って言って，お友だちが"いいよ"って言ってからにしましょう
ね」など，双方の子どもの気持ちを受け止めながら，その思いを言葉にして伝えていくこ
とが大切である。

　こうした経験をていねいに積み重ねることで，子どもは，友だちにも思いがあることに
気付くようになってくる。そして，自分の思いを言葉で伝えるだけではなく，相手の思い
も聞こうとするようになるのである。保育者は，子どもが言葉による伝え合いができるよ
うになるよう，自分の思いを自分なりの言葉で表現できるように，また相手の話す言葉を
聞こうとする意欲や態度が育つように，子ども同士の関わりの仲立ちを行うことが重要だ。

（2）1歳児の言葉の特徴

1）1歳児前半の言葉

①　**一語文**　　この頃の子どもは「マンマ」「クック」「ワンワン」など，単語一つで話すよ
うになる。これは，一語でありながら，さまざまな意味を表し，文と同じような働きをす

ることから一語文と呼ばれる。

　例えば，子どもが道の向こうから来るイヌ（対象）を指さしながら「ワンワン」と言う場合，「ワンワンがいるよ」と，大人に教えていたり，「ワンワンが歩いている」「ワンワンがこっちに来るよ」と話しているつもりだろう。また，犬が尻尾を振っているのを指さしながらであれば，「しっぽを振っているよ。見て！」ということだろう。大人は，「ワンワンがいるね」「○○ちゃんのほうへ歩いてくるね」「ワンワン，しっぽを振っているね」「かわいいね」など，一語文から子どもの思いに気付き，それを受け止め，優しく言葉で応答することが大切である。これが，一語文で言葉のやりとりが楽しめるようになることへとつながり，やがて二語文へと進むのである。

2）1歳児後半の言葉

① **二語文**　1歳半過ぎ頃から，「ワンワン　アッチ」（犬が　むこうにいるよ），「クック　オンモ」（靴をはいて　外に行こうよ）など，単語を2つ並べて話すようになる。これを二語文と呼ぶ。これにより，子どもの言葉は一段と豊かになってくる。また，子ども自身は大人の言うことがよくわかるようになり，大人にとっても子どもが何を伝えようとしているのかを理解しやすくなる。

　例えば，玄関に並べられた靴を指さしながら「パパ　クック」（これは　お父さんの靴）と子どもが母親に話しかけたのに対し，「そうね，これはパパのお靴ね」と答える。そして「じゃあ，○○ちゃんのお靴はどれかな」という問いかけに対し，子どもが「コレ　クック」（この靴）と答えるなど，片言ながらも立派に会話が成立する。

　このような大人との言葉でのやりとりが，子ども自身の，自分の気持ちを言葉で表すことができる楽しさや，言葉を介して人と気持ちを伝え合うことの喜びへと結び付いていくのである。

② **第1質問期**　1歳半頃から，子どもは盛んに「ナニ？」「コレハ？」などと，ものの名前を尋ねるようになる。これを第1質問期（または命名期）と呼ぶ。

　この頃の子どもは，目に入るものは何でも「コレハ？」などと，尋ねる姿がみられる。例えば，目の前にある机を指さし「コレ　ナニ？」と名前を尋ねる。「これは，机よ」と答えると，「ツクエ」と自ら復唱して名前を覚えていく。また，初めて見るものだけでなく，以前に見たことのあるものに対しても再度，尋ねることもある。そのものに見覚えがある場合や，一度では名前を覚えきれない場合などである。

　さらに，「コレハ？」「お花」，「コレハ？」「これはコップ」，「コレハ？」「帽子」など，立て続けに「コレハ？」「コレハ？」と次々と質問してくるときがある。しかも，ものの名前を覚えようとする素振りは感じられない。つまり，子どもは自分の「コレハ？」という問いかけに対して，大人が言葉で応答してくれることがうれしく，や

写真2-3　1歳児
「お返事ハイ！」

りとりそのものが楽しくて尋ねているのである。周囲の大人は，その都度，子どもの問い
かけに対してていねいに答えることが肝要である。これにより，子どもの関心は広がり，
やりとりも深まってくるのである。

（3）2歳児の育ち

1）2歳児の姿

① **身体的機能・運動機能の発達**　この時期は，排泄の自立のための身体的機能も整って
くるようになり，言葉やしぐさで排泄を知らせたり，尿意を知らせてトイレに行ったりす
る姿がみられるようになる。このようなときは，「おしっこが出た（出る）って，教えて
くれたのね」「上手にトイレに行けたね」など，子どもの自分でできた喜びにつなげるよ
うな言葉がけが大切である。

　また，歩く，走る，跳ぶといった基本的な運動機能が伸び，全身運動が滑らかになって
くる時期でもある。そのため，嬉々として戸外を走り回って遊ぶなど，動きが大きくな
る。例えば，ボールを使って，投げたり蹴ったり，追いかけたりして遊べるようになった
り，保育者に「みて　みて」と言いながら，得意げに，友だちと一緒に玩具を入れていた
段ボール箱の中に入ったり出たりして見せるなど，身体を使った遊びを繰り返し行う姿が
みられる。

　こうした身体的機能・運動機能の発達もまた，子どもの言葉の発達と大きく関わる。た
だ，大人にとってこの頃の子どもの行動は，とても危なっかしく，片時も目が離せなくな
る。そのため「それは　ダメ」「危ないでしょ」「そっちには　行かないの」など，子ども
の行動を禁止する言葉が多くなるのもこの時期である。

② **見立て遊び・ごっこ遊び**　この時期，見立て遊びや，簡単なごっこ遊びをする姿がみ
られるようになる。

　例えば，子どもが積み木を手に持って「ガタゴト　ガタゴト」と言いながら床の上を前
後に動かして遊ぶ姿がある。これは，玩具（積み木）を実物（電車）に見立てて遊んでい
るのである。この場合，記憶にある電車というものと，積み木の形に共通性があり，それ
が電車のイメージを想起させているのである。

　このように，子どものイメージの世界は，何かをきっかけに，見たことや聞いたこと，
実際に経験したことなどを基に広がっていく。そして，体験した出来事などを記憶し，そ
れをイメージとして再現できるようになることで，子どもは簡単なごっこ遊びを楽しむよ
うになる。また，模倣も盛んになり「○○のつもり」や，「○○のふり」を楽しむ姿もみ
られるようになってくる。こうした遊びを繰り返し楽しむことが，イメージをふくらま
せ，象徴機能が発達し，子どもが遊びの中で言葉を使うことへとつながっていくのであ
る。

　しかし，この時期のごっこ遊びは，まだ大人の関わりを必要とする。そのため保育者も
一緒に遊びに入り，「電車が，出発しまーす」「次は，○○駅です」など，モデルになって
言葉のやりとりをして見せるなど，子どものイメージを支えることで遊びは保たれる。こ

の頃は，大きく言葉の習得が進む時期であることを考慮し，言葉のやりとりが楽しめるよう子どもの遊びや関わりに工夫をすることが必要である。

なお，友だちとのごっこ遊びが本格的になってくるのは，おおむね3歳以降である。

③ **自己主張**　この頃の子どもは，自分のしたいことや，してほしいこと，伝えたいことなどを，言葉で表現できるようになり，自我が強くなる時期でもある。そのため，大人に指示されることを嫌がり，周りからの働きかけに対して「いや！」を繰り返す姿がみられる。また，何でも自分でやりたがる時期でもあり，食事や衣服の着脱などの身の回りのことや，遊びの中で，「自分で！」「一人でする！」と強く自己主張することが多くなる。

しかし，この頃の子どもにとって「やりたいこと」と「できること」は，決して同じではない。また，自分本位の行動が目立ち，時には甘えたり，思い通りにならないときや，やらせてもらえなかったりすると，泣いたり，癇癪をおこしたり，頑固な行動をとったりと，感情が揺れ動く時期でもある。

このようなとき，周りの大人は，この頃の「いや」や「一人で」などは，子どもの自我を育む姿の一つととらえて，子どもの思いをていねいに聞くことが大切である。そして，子ども自身の「こうしたかった」場面まで戻るなどして，子どもが「どうしたかったのか」を聞くことが肝要である。その際，子どもがうまく表現できない気持ちを言葉で補ったりしながら，その思いに耳を傾け，子どもの気持ちを受け止めたい。このような大人の対応が，子どもの自立を支え，子どもが自ら気持ちを立て直す力へとつながっていくのである。

2）2歳児の言葉

① **第2質問期**　この時期，「ドウシテ？」などの疑問形を使って，現象や理由を尋ねる姿がみられるようになる。これを，第2質問期と呼ぶ。

例えば，「○○ちゃん，お片付けをしましょう」という呼びかけに対し，「ドウシテ？」と返してくる。「もうすぐ，お帰りの時間だからよ」「フ～ン…」。また，あるときには，降り出した雨を見て「ドウシテ　アメガ　フルノ？」など，身近な事象を尋ねたりする。このようなときは，科学的な答えよりも「お空が，泣いているのかな」など，この時期の子どもの発達に適した答えを返していきたい。このような，子どもの世界を大切にした応答が，言葉を交わす喜びや，物事に関心をもった子どもの心，そしてイメージの世界を豊かに育むのである。

② **言い間違いと誤用**　この頃は，単語の言い間違いがよくみられる。例えば，「エレベーター」を「エベレーター」，「トウモロコシ」を「トウモコロシ」と言うなどである。また，「ウタウ　ナイ」（歌わない），「タベル　ナイ」（食べない），「スキ　ナイ」（好きじゃない）など，誤用もこの時期に多い。

このようなときは，「エベレーターじゃなくて，エレベーターでしょ」など，子どもの言い間違いや，誤用を強く指摘したり，言い直しをさせたりするのではなく，「本当，エレベーターがあるわね」「おいしそうなトウモロコシね」「歌わないの？」「食べないの？」など，その都度，訂正した言葉で優しく返していくことが大切である。そうすることで，

子どもは自ら気付き，言い間違いや誤用は次第に減っていく。まずは，子どもの言葉を交わす喜びや，話したいという心情・意欲を大切に育てることが，この時期の子どもの言葉と子ども自身の育ちを支えるのである。

③　ひとり言　　2歳前後になると，遊びながら盛んにひとり言をいう姿がみられる。

　例えば，子どもが「ソーット　ソーット」「タカーク　タカーク」など，ひとり言を言いながら積み木を積む場面がある。このときの言葉は，コミュニケーションを目的とはしていない。目的は，積み木を崩さないよう慎重に積むように，自身の行動をコントロールすることである。したがって，これは本来，子どもが自分の内側で自分に向けて発せられた内言（心の中の発話）である。しかし，この時期は外言（音声を伴う発話）が獲得された後に，それを基にして内言が発達していく過渡期にある。そのため，ひとり言は，子どもが自身に向けて発した内言が，外言として現れてきたものと考える。こうした子どもの発達の特徴を踏まえ，子どものひとり言もまた，大切にしたいものである。

　内言と外言については，本章の幼児期後期の項（p.22～24）を参考にされたい。

　最後に，幼児語と幼児音について触れておく。どちらも乳幼児期の会話に用いられる語で，幼児語には，靴を「クック」，寝ることを「ネンネ」，清潔にすることを「キレイ　キレイ」などがある。また，「さかな」を「シャカナ」，「キリン」を「チリン」，「葉っぱ」を「アッパ」など，子どもが話すときに，大人とは違った発音が聞かれることがあるが，これは構音器官の未発達によるもので，幼児音と呼ぶ。いずれも，周囲の大人はあまり神経質にならず，話したい・話そうとする子どもの気持ちを大切にすることが大事である。

3．3歳児から4歳児の発達と言葉

（1）3歳児の発達と言葉

1）3歳児の育ち

①　3歳児前半の姿　　3歳頃になると，運動機能の発達により，走る，跳ぶ，投げる，蹴るなど基本的な動作が一通り可能となる。それまで大人の手を借りる必要のあったことも自力でできるようになり，自信につながる。そして，自信がついてくると，「自分でやってみたいという」という意欲や子どもなりの考えやつもりに従ってやってみたいという態度につながっていく。

　つまり，3歳前半の時期は，自我意識が拡大し，やる気に満ちあふれている時期といえるだろう。そして，日々の暮らしの中で自分の選択したやりたい遊びを繰り返し存分に楽しむことで，子どもなりの気付きが促されたり，わかっていることを使いながら試行錯誤しながらやってのける経験を積むことで，より主体的に行動するようになる。

②　3歳児後半の姿　　さらに3歳も後半になると，片脚跳びのように「～しながら…する」といった動きをコントロールすることができるようになり始める。これに伴い，食事，排泄，衣類の着脱といった基本的生活習慣もある程度自立し，自分からやろうとする

22 第2章 子どもの発達を基盤とした指導法「言葉」

姿もみられる。基本的生活習慣がある程度自立し，自分でやれることは精一杯自分でしようとすること，そして，そばにいる大好きな大人に認められたり，努力したことを一緒に喜んでもらえたりすることが，幼児の自信となり，意欲をもって粘り強く物事に取り組み，自分の世界を広げる力になっていくのである。

この時期の友だちとの関わりは，平行遊びが中心であるが，友だちの遊びを真似たり，ものを介して友だちと関わったりする姿がみられるようになる。時にけんかもしながら，子ども同士共通のイメージをもって遊べるようになる。例えば，ごっこ遊びでは，身の回りの大人の行動や日常の経験を取り入れて再現する姿もある。また，遊びをリードする子どもを中心に仲間が集まり，遊びが広がる中で，子ども同士で言葉のやりとりを楽しむ姿もみられる。

２）３歳児の言葉の特徴

① **３歳児前半の言葉**　話し言葉の基礎が整い，日常生活のさまざまな体験を通して飛躍的に語彙を獲得する。ものの名前を知り，あいさつの言葉に気付くというように，生活の中で語彙が豊かになっていく。

また，「お外に行くときはどうするの？」といった質問に対しては，子どもなりに応じるが，「お外，行かない」「お部屋にいるの」というように「今」「ここで」の自分の状況に基づいての答えになる。つまり，尋ねられた内容を一般化して答えるだけの力はまだ育っていないといえるだろう。しかし，話し言葉に伴うタイミングよく繰り出される動作やジェスチャーのうまさに驚くこともある。この点は，話し言葉は未熟であるが，子どもなりに自分の周囲の「ひと」「もの」「こと」に対する理解が育ってきた結果である。

数については，１つのものに１つの数字を対応させて数えることや，１，２，３と順に数を呼称すること，「1-2」「3-2」というように２つの数字を復唱することもできる。

発音は不明瞭で，幼児語も色濃く残っている。また，声の大小・強弱といった調節が未熟で，興奮したときには金きり声を出すこともある。

② **３歳児後半の言葉**　３歳児後半になると，語彙数は1,500語ほどになり，知的好奇心が高まり盛んに「なぜ？」「どうして？」といった質問をするようになる。言葉を介したやりとりを重ねることにより，言葉による表現が一層豊かになっていく。それに伴い，自分の要求をはっきり表せるようになる一方，「こうしなければならない」ということも少しずつ理解できるようになる。その結果，自分の中での葛藤，さらには要求のぶつかり合いによる他者との葛藤をたくさん経験することになり，「ひと」「もの」「こと」に対する幼児の理解は深まる。

その結果，３歳児前半では難しかった質問を一般化してとらえ，それに答えられるようになってくる。つまり，３歳後半頃になると「外言」として言葉を用いたコミュニケーションの基盤が整ってくるといえよう。

また，簡単な物語がわかるようになり，絵本に登場する人物や動物と自分を同化させ想像をふくらませたり，よく知る物語に沿ったごっこ遊びが展開されたりするようにもなる。

数については，「全部でいくつ？」ということがわかるようになってくる。また，相手

の求めに応じて数を選択する（例：「3個ください」に応じて3つ渡す）ことも可能になる。

③ 3歳児の言葉を育む遊び

・わらべうた，手遊び，リズム遊び：音楽と動きと言葉が融合することで個のイメージを育む。それと同時に音楽や友だちの動きに合わせることで自分の動きを調節する力を育む。

・ごっこ遊び：ごっこ遊びでは，子どもが想像した世界に浸れるようなままごとのショッピングバッグやエプロン，あるいは友だちと一緒にイメージを広げたり深めたりできるような絵本，BGMを環境として用意しよう。

（2） 4歳児の発達と言葉

1） 4歳児の育ち

　全身のバランスをとる能力が発達し，ケンケンやスキップをするなど体の動きが巧みになる。気に入った遊具や場所がみつかり，進級児は仲のよい子と簡単なごっこ遊びをする姿もみられる。その一方，新入園児には戸惑いをみせる子もいるが，園生活に慣れると友だちに親しみを感じ，遊ぶようになる。そして，4歳児クラスの後半では，特定の仲のよい友だちと遊ぶことが多くなるとともに，周囲の子の育ちによってこれまでの関係が変化していく。

　遊びでは，集団で遊ぶ楽しさを味わい，一つの遊びが長く続くようになる。また，巧みな動きと豊かな言葉に支えられ，自分たちで遊びを考えられるようになり，より遊びが楽しくなるように意欲的に取り組む姿もみられる。遊びの中で競争心が芽生えたり，けんかが多くなったり，気持ちを思うように表現できず乱暴な行動になったりすることもある。しかし，「私もしたいけど，○○ちゃんに貸してあげる」とか「かわりばんこにしよう」というように身近な人の気持ちを察し，葛藤を経験しながら少しずつ自分の気持ちを抑えられたり，我慢したりできるようになる。

　また，ルールの大切さに気付いて守ろうとしたり，遊びを通してルールを守ることの楽しさも理解できたりするようになる。

　つまり，4歳は体の動きのコントロールから，動きを通して自分を感じ，気持ちをコントロールする力が少しずつ育ち，社会性が身に付き始める時期だといえるだろう。

2） 4歳児の言葉の特徴

① 話し言葉

4歳くらいになると，語彙数は1,500語から2,000語になり，日常会話では聞いた言葉や覚えた言葉を積極的に使って友だちとの遊びを通して言葉のやりとりをする楽しさを感じたり，イメージを広げたり，と想像力豊かで意欲的に活動する姿がみられる。その一方で，大人が戸惑うような「汚言」を何度も口にすることもある。これも子どもは言葉で伝えるおもしろさを感じているからこそ，そのような姿がみられるといえる。

　4歳も後半になると言葉によるコミュニケーションには大人を入れず，子ども同士の生活に欠かせないものになっている。とはいえ，自分の気持ちやつもりを言葉で伝えたり，言葉で伝えようとする相手の気持ちを聞き取ったりすることは未熟である。しかし，時間をかけて自分の想いを伝えようとしたり，反対に相手の考えを理解し互いに歩み寄ろうとしたりする姿もみられる。このことから，4歳頃に育まれる話し言葉は，目の前の人を具

体的に理解し親しみを深める経験をもたらす力，すなわち言葉を用いて自分の行動を調節する力であるといえるだろう。

② **考えをまとめる言葉**　4歳児の話し言葉の特徴としてひとり言があげられる。ひとり言は，子どもが自分のしている行為に伴って発する言葉で，自分を力付けたり，行動を補ったりするための言葉でもある。換言すると，ひとり言の出現は，自分の行為に関する計画や調節を行う思考の道具としての機能する「内言」，すなわち言葉を用いて思考する力が芽吹いたことを示すといえるだろう。そして，思考の道具としての内言が発達するにつれ，4歳児の言葉は自分の行動を調節する機能をもつようになったといえるのである。

③ **読み言葉・書き言葉**　ひらがなが読めるようになるには，個人差があるが，4，5歳頃からといわれている。言葉遊びをすることにより，自然に音韻認識ができるようになり，音韻と文字の対応に気付くことが，読字の第一歩となる。

　また，まだ本当の文字を書くことはできないが，熱心に文字を書く姿をみることがある。子どもの話を聞かないと何を書いているのかわからないが，少なくとも文字の役割に気付き，子どもなりに思いを込めたものであるといえるだろう。そして，「○○はどう書くの？」と文字を尋ねてくるようになると，文字の習得は一気に進む。ただ，実際に文字が書けるようになるには，音韻操作（例：「さかな」の「さ」は「さる」の「さ」）ができること，座位の安定，手の巧緻性と目と手の協応といった運動機能の発達が必要になる。

3）4歳の言葉を育む遊び

・簡単なルールのあるゲーム：ドンじゃんけん，落ちた落ちた，フルーツバスケット
・言葉遊び：なぞなぞ，仲間言葉集め，しりとり
・読み書きの土台になる遊び：間違い探し，迷路，線結び，文字積木

4．就学前児の発達と言葉

（1）5歳児の発達と言葉

1）5歳児の育ち

身辺自立がほぼ確立し，友だちと活発に遊ぶ中で仲間意識が芽生え，協調性が育まれる。運動遊びをしたり，全身を動かして活発に遊んだり，共通のイメージや目的をもって仲間と一緒に遊ぶ中で，規範意識や社会性を体得していく。また，子どもなりに考えて判断したり，課題を解決したりする力も高まる。自分や友だちを多面的にとらえられるようになり，自分と異なる想いや考えを認めたり，互いに相手を許したりすることもできるようになる。人の役に立つことをうれしく感じるようにもなる。こうした体験を重ねながら，仲間の中の一人としての自覚が生まれ，他者への思いやりに裏付けされた社会性が育まれていく。

2）5歳児の言葉の特徴

5歳頃になると，語彙数は2,000語を超え，相手にわかるように順序立てて話せるようになる。その結果，言葉を使って共通のイメージをもちながら遊んだり，目的に向かって5～6人の小集団で活動したりすることが増えていく。小規模の集団では，子ども同士で会話が機能す

るようになり，話し合いながら一緒に遊びをつくり出せるまでに，言葉によるコミュニケーションが巧みになっていく。

自分を中心に空間的（前－横－後），時間的（昔－今－未来），変化（弱－中－強）として三次元の関係性が理解できるようになり，「大きくなったら○○になる！」や「もう1回！さっきより強くしてみよう」というような抽象的な発話を挟んだ会話もみられる。そうした過去の経験を日記のように文字で表現したりもする。

また，この時期は自分が発している言葉を意識するようになる。例えば，「さる」は「さ」と「る」からできていて，「さ」は「さかな」の「さ」と同じだということに気付く。この気付きは，文字言語の習得に向けての重要なポイントになる。

写真2-4　遊びを作品に，そして名前を書く

3）5歳児の言葉を育む遊び

- 言葉を使って考え，答えを見つける遊び：しりとり，なぞなぞ，カルタ
- 文字を使った遊び：文字スタンプ，絵本づくり，お手紙
- ごっこ遊び：子ども同士話し合って準備を進めることも楽しい遊びになる点が，3歳児クラスのごっこ遊びとは異なる。

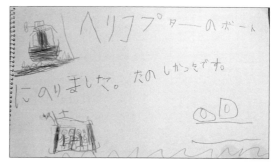
写真2-5　カタカナとひらがなで表現

（2）就学に向けて

1）就学に向かう頃の幼児の姿

「幼児期の終わりまでに育ってほしい姿」にみられるように，豊かな経験，それに伴う感覚や感情をベースとした知識，これらを用いて課題の解決にあたる知恵を獲得，習得し，自立心が一層高まる時期である。意欲と自信に満ちあふれ，小学校への入学を心待ちにしている。その一方で，年長児として年少児に対する思いやりやいたわりの気持ち，身近な大人に感謝の気持ちをもつようにもなる。

2）就学に向かう頃の幼児の言葉

コミュニケーションとしての話し言葉が確立され，各自が自分の考えを表現したり，グループで考えたり，話し合ったりす

写真2-6　楽しかったことを書いている5歳児

るときに，保育者の介入をあまり必要としなくなる。童話や詩などを聴いたり，自ら表現したりして，言葉のおもしろさや美しさに興味をもつようになる。絵本や童話の内容と自分の経験

を重ねて，想像することを楽しむようにもなる。また，名札やロッカー，下駄箱に書かれた名前をきっかけに，文字の便利さに体験的に気付き，文字の習得が急速に進むこともある。

こうした文字の習得への関心をさらに深めていく事例が写真2-7である。自主的に新聞づくりに取り組み，友だちや保育者に配って楽しむことを繰り返し行っていた事例である。

3）領域「言葉」から小学校「国語科」へ向けて

幼児は園生活において遊びを中心とするさまざまな活動を通し，友だちや保育者と関わりながら話し言葉を中心に言葉を学ぶ。これに対し，小学校「国語科」では，書き言葉や文字が加わり，国語としての日本語教育を受けることになる。そこで，話し言葉と書き言葉を橋渡しするものに，乳

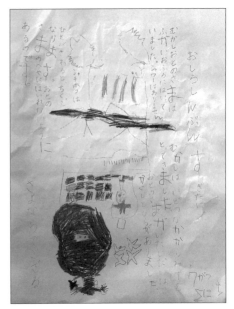

写真2-7　文字新聞

児の頃から馴れ親しんできた絵本の読み聞かせが発展して，文字を書く文脈から文字の役割に気付くと，手紙を書くことも幼児には楽しい遊びになる。文字が仲間との大切なコミュニケーションツールであることを体得し，文字を読んでみたい，使ってみたい，だから文字を覚えたいという子どもの意欲が小学校での学びにつながる。

引用文献
1) 森上史朗・柏女霊峰編：保育用語辞典 第8版，ミネルヴァ書房，2015, p.283.
2) 前掲書1)，p.299.
3) 前掲書1)，p.295.
4) 岡本夏木・清水御代明・村井潤一監修：発達心理学辞典，ミネルヴァ書房，1994, p.326.

参考文献
・赤羽根有里子・鈴木穂波編：新時代の保育双書 保育内容 ことば 第3版，みらい，2018.
・服部照子・岡本雅子編著：保育発達学 第2版，ミネルヴァ書房，2009.
・岸井勇雄・小林龍雄・高城義太郎・朽尾　勲編：現代幼児教育研究シリーズ8 言葉，チャイルド社，2005.
・黒田実郎監修：乳幼児発達事典，岩崎学術出版社，1995.
・徳安　敦・堀　科編著：生活事例からはじめる―保育内容― 言葉，青踏社，2018.
・服部照子：保育発達学（岡本雅子編著），ミネルヴァ書房，2006.
・今井和子：子どもとことばの世界，ミネルヴァ書房，1996.
・岡本夏木：子どもとことば，岩波書店，1982.
・岡本夏木：幼児期―子どもは世界をどうつかむか，岩波書店，2005.
・天野　清：幼児の文法能力，国立国語研究所，1977

第3章 対話と共感から生まれる保育

1. 対話とは何か

　保育所保育指針の「第2章保育の内容　1 乳児保育に関わるねらい及び内容（2）ねらい及び内容」には，「イ 身近な人と気持ちが通じ合う」として，「受容的・応答的な関わりの下で，何かを伝えようとする意欲や身近な大人との信頼関係を育て，人と関わる力の基礎を培う」とある。また，「第2章保育の内容　2 1歳以上3歳未満児の保育に関するねらい及び内容（2）ねらい及び内容　イ人間関係（イ）内容」には，「② 保育士等の受容的・応答的な関わりの中で，欲求を適切に満たし，安定感をもって過ごす」とある。保育所保育指針でも述べられているように，受容的・応答的な関わりは，子どもの発達に大きく影響し，その受容的・応答的な関わりは，「対話」によって生まれる。

　こうした受容的・応答的な関わりは，どこから始まるのだろうか。おそらく生まれたばかりの新生児や母親のおなかの中にいる胎芽期・胎生期から，受容的・応答的な関わりの中での対話が成立しているといえるだろう。例えば，胎児が母親のおなかの中で動いたとしよう。そのとき母親は，何を感じ，何を思い，何を語りかけているだろうか。「元気な赤ちゃんだな」「今はお風呂上がりで心地がよいから動くのかな？」など，言葉に出さなくても心を通して胎児にたくさん話しかけていることだろう。

　母親は，まだ言葉をもたない胎児のもう一つの言葉ともいえる発信に対して，受容的・応答的に関わり，自分の思いを話しかけているのである。ここではすでに対話が始まっていると考えられる。

2. 共感とは何か

　対話をしながら，一つのことを中心に人と人が思いを共有することが「共感」である。その共感の種類は，人の心の動きによって複雑であり多岐にわたる。例えば，きれいに咲いている花を見て感動するときの共感もあれば，人の心の内的な動きである悲しみ喜びといった共感もある。これらの共感に共通していることは，言葉や表情を介して相手に伝えたい思いが存在することであり，感動を共にしながらコミュニケーションを図ることである。特に，誕生から1歳未満の子ども（乳児）は，保護者や保育者等とそのようなコミュニケーションをとっている。

　では，乳児はどのようにして言葉以前のコミュニケーションを獲得していくのだろうか。言葉以前の世界において，乳児は，自分の思いを実現させるため，保護者や保育者等に意思・感情・思考を何らかの方法で伝達する。その方法とは，保護者や保育者等を目で追ったり，つかんだり，手を伸ばしたり，ほほ笑んだり，無意味語といわれる喃語を発するなどである。

乳児のコミュニケーションは，保護者や保育者等との交流により始まる[1]。乳児は，保護者や保育者等との微笑の共有や同じものを見つめるなどの体験を通して，興味や関心を共有するようになる（写真3-1）。この共有関係が成立すると，乳児は，保護者や保育者等を通して，その対象となるものの意味もわかり始める。つまり，ものと言葉が一致し始めるのである。また，保護者や保育者等は，目の前にいる子どもの思いを理解し，共感し，その思いに応答する。そのとき乳児は，保護者や保育者等の思いを自分の中に取り込み，その取り込みを積み重ねながら発達していく。

写真3-1　親子の微笑の共有

3．対話と共感から生まれる保育

対話と共感から生まれる保育とは，どのようなことをいうのだろうか。対話と共感の第一歩は，そこにいる人との信頼関係がなければ誕生しないのではないだろうか。信頼関係は愛着から生まれるともいえる。特に，乳児の言葉は，「アタッチメント（愛着）」と深く関連する。乳児期の発達には，アタッチメントの形成が大前提であり，アタッチメントが生まれないと共感は生まれないといっても過言ではない。

乳児は，自分の思いを実現させるため，保護者や保育者等と絆をもとうとする。愛着理論を提唱したボウルビィ（Bowlby, J.）は，アタッチメントを「ある特定の人に対して，強い情愛的な絆をもとうとする人の特質」[2]と定義している。また，ボウルビィは，愛着理論の中心的な概念として，安心感の確保や安心して向き合うことのできる特定の人との関係をもった子どもほど，特定の人を安全基地とした探索活動を活発にすることができるとも述べている。

エインズワース（Ainsworth, M.D.S.）は，愛着理論に基づき，乳児期の母子間の情愛的結び付きを測定するためにストレンジ・シチュエーション法を開発した[3]。ここでは，情緒が安定している子どもは，母親がいないときでも安心すると，母親を安全基地としてポジティブ（肯定的）な感情をみせて，探索活動に熱中できるようになることを実証している。また，アタッチメントが十分に築かれている子どもには，いつでも大好きな人に見守られているといった大好きな人への信頼感がある。大好きな保護者や保育者と対話をしながら，思いを共有することができると，子どもはその場で安心して生活できるのである[4]。

2人の研究者の理論や実験からもわかるように，保護者から離れて生活する子どもに対して，保育者は，子どもとの間に対話と共感を保持することが必要である。また，保育者には，子どもが安心して過ごせる場が存在し，安定感の中で自己肯定感が育つ保育の環境を整えることが求められる。

なお，子どもの発達の道筋については第2章で述べているので，本章では，そこを参照しながら，対話と共感から生まれる保育について，以下の保育現場での事例を通して理解していくことにする。

（1）保育現場での受容的・応答的な関わり

子どもの情緒の安定には，生活リズムの確立が大切であることはよく知られている。実際の保育現場では，子どもの生活リズムを整え，子どもが自己を十分に発揮できるような環境を構成している。保育者がどのように子どもをとらえ，子どもの思いに共感し，どのような関わりをしているのかなど，次の事例3-1を通してみてみよう。

> **事例3-1　Aちゃん（4か月・女児）への保育（授乳・おむつ交換・睡眠）**
>
> 　保育者は「Aちゃん，ミルクだよ」「おいしいね」の言葉がけを忘れずに，哺乳瓶で授乳を行った。また，保育者は「Aちゃん，おむつきれいにしようね」などと言葉がけをしながら，手早く取り替えた。
> 　おむつ交換直後，ほほ笑みがみられたAちゃんに，「気持ちよくなったね」と言葉がけをした。授乳やおむつ交換が終わった直後だったが，Aちゃんは大きな声で泣き出した。最初，保育者はなぜAちゃんが泣いているのかわからなかった。保育者は少し考えた。そして…
> 　保育者は，Aちゃんに近寄って，「Aちゃん，おいで，抱っこしようか」と目を見て語りかけ，片手で首を，もう一方の手は足の間に通して，腰を支えて抱っこした。保育者がAちゃんの耳元で子守歌をゆっくり歌っていると，Aちゃんはだんだん落ち着いて，ウトウトと眠ってしまった。Aちゃんは眠たかったのだ。

事例3-1のAちゃんのように，乳児は，自分の思いを伝えるため，保育者にほほ笑みや泣きで知らせる。また，Aちゃんは，周りの声や音に敏感に反応している。授乳やおむつ交換が満たされているAちゃんは，泣くことで他の何かを保育者に知らせようとしたのだ。ここでの保育者は，Aちゃんの眠いという思いを，目を見て抱っこして共感しようとした。保育者は，受容的・応答的な関わりによって，Aちゃんが眠いという思いを理解することができたのだ。保育者は，こうした乳児の小さな反応を見逃さずに，その思いに共感することを意識することが大切であるといえる。

（2）保育現場での指さしによる対話と共感

乳児は，生後6か月頃になると，特定の人以外には人見知りのような不安や警戒行動を示す。また，生後9か月頃になると，それまでの「子ども―保育者」「子ども―もの」という二者間の二項関係から，「子ども―保護者や保育者―もの」という三者間の三項関係（対話の三角形的構造）が成立する。例えば，9か月頃の乳児は，遠くのものを「アッアッ」「ワンワン」などと声を出すとともに指さして，保育者と一緒に見ることが可能になる。この三項関係は，乳児の発達の重要な指標の一つといわれている。

誰しも，子どもが最初に発する意味のある言葉を待ち望んでいるのではないか。この意味のある言葉を発した瞬間は，保育者や保護者にとっての喜びの一つでもある。その理由は，子どもの成長を喜ぶ気持ちと関係しているからだろう。この意味のある言葉が出てくる時期は，個人差は大きいが，1歳前後といわれている。1歳前後に，「マンマ」「ママ」「パパ」「ワンワン」などの初語(しょご)（子どもが最初に発する意味のある言葉）がみられると，それまでの身振りで応答する言葉，表情や視線で表す言葉，泣き声で発する言葉などから，一歩成長したことになる。

次に，指さしによる保育者と子どもの対話と共感の事例をみてみよう。

事例3-2　Bくん（1歳6か月・男児）の指さしによる対話と共感

発達が緩やかなBくんは，絵本が大好きである。特に『だるまさんが』がお気に入りである。朝の登園直後，保育者のほうを見て，自分の口を人差し指で引っ張って，口角を上げた笑いのポーズをしながら，「ニコ」と言った。それを見た保育者は，「どうしたのかな」と言葉がけをしながら，その様子を見守った。するとBくんは，絵本棚を指さして，再度「ニコ」と言い，首を傾けた。保育者が「だるまさんの絵本がほしいの？」と尋ねると，Bくんはうれしそうに「ウン」とうなずいた。保育者は「どうぞ，だるまさんの絵本よ」と言って，Bくんに絵本を渡した。Bくんは，うれしそうに絵本を受け取り，絵本を開き，熱心に見ていた。

事例3-2のBくんと保育者の行動の中には，話し手と聞き手の役割を相互に交替しながら2人の関係を深めていく対話の原型をみることができる。また，保育者が子どもの思いに共感できたと確信した場面であり，Bくんの伝える力の成長を感じた瞬間でもあった。保育者は，Bくんの好きな絵本が『だるまさんが』『わにわに』『こわーいはなし』『はらぺこあおむし』であることを知っていて，Bくんが「ニコ」と言ったことで，その中から『だるまさんが』だと洞察できたのである。そのとき，保育者は，Bくんとの間に一体感が生まれたという。

事例3-2からわかることは，保育者がBくんを理解するため，Bくんの視座の高さに合わせて，目を見ながら，Bくんの思いを洞察し，言葉を添えて話していることである。保育者は，向かい合う子どもの気持ちに共感し，その意味を共有できることによって，一層の信頼関係を構築することができるのである。

以上のように，一人ひとりの子どもには，誰にも知られずに言葉を心の中にため込んでいく時間がある。特に子どもは，乳児期の心の中にため込んだ言葉以前のコミュニケーションを土

台にして，対話や共感の思いを言葉の発達につなげていく。子どもが言葉をため込んでいくとき，保育者はその子どもの思いに共感し，洞察し，対話することが大切であるといえる。

4．生活の中での対話と共感

　本節で焦点とする領域「言葉」の対話と共感に関して，幼稚園教育要領，保育所保育指針，幼保連携型認定こども園教育・保育要領の「内容の取扱い」をみてみると，子どもや保育者の呼称は違っているものの内容は同じであり，表3-1のように述べられている。下線部分は，筆者によるものであり，対話と共感に関わる観点である。これらの観点から，保育・教育現場の事例を通して，対話と共感から生まれる「言葉」の指導法について学んでいこう。

表3-1　「言葉」の内容の取扱い

(1) 言葉は，身近な人に親しみをもって接し，自分の感情や意志などを伝え，それに相手が応答し，その言葉を聞くことを通して次第に獲得されていくものであることを考慮して，幼児（子ども）［園児］が教師（保育士等）［保育教諭等］や他の幼児（子ども）［園児］と関わることにより心を動かされるような体験をし，言葉を交わす喜びを味わえるようにすること。
(2) 幼児（子ども）［園児］が自分の思いを言葉で伝えるとともに，教師（保育士等）［保育教諭等］や他の幼児（子ども）［園児］などの話を興味をもって注意して聞くことを通して次第に話を理解するようになっていき，言葉による伝え合いができるようにすること。
(3) 絵本や物語などで，その内容と自分の経験とを結び付けたり，想像を巡らせたりするなど，楽しみを十分に味わうことによって，次第に豊かなイメージをもち，言葉に対する感覚が養われるようにすること。

注）（　）は保育所保育指針，［　］は幼保連携型認定こども園教育・保育要領による。
　　下線は筆者による。

（文部科学省：幼稚園教育要領，第2章-言葉-3，2017．
厚生労働省：保育所保育指針，第2章3-（2)-エ　言葉-(ウ)，2017．
内閣府・文部科学省・厚生労働省：幼保連携型認定こども園教育・保育要領，第2章第3-言葉-3，2017)

（1）自分の欲求を言葉で伝える

　2歳頃になると，子どもは，「ゴハン　チョウダイ」「トイレ　イク」などの二語文を話すようになる。二語文が話せるようになると，子どもは，自分の欲求をスムーズに言葉で伝えられるようになる。このことは，子ども自身が自分の行動をコントロールすることに大きく影響する。特に，トイレットトレーニング開始の時期の目安にもなる。
　子どもに適切な保育環境があり，子どもが保育者の言葉に共感し，「キモチイイ」と心を動かされ，自分の欲求を言葉で伝えることができた事例を紹介する。

事例3-3　Cくん（3歳8か月・男児）のトイレットトレーニング（排泄練習）

　　Cくんは，母親の病気療養のため，年度途中の8月から保育所に入所してきた。入所時のCくんの状態は，紙おむつをしており，落ち着きがなく，保育室内をうろうろしていて，言葉も不明瞭であった。保育者は，「Cくんのおむつが取れない」と悩む母親の声に耳を傾け，共通目標を「トイレで排泄できるようにする」に設定した。トイレットトレーニングの初日，保育者はトイレの壁にCくんの好きなマンガのシールを貼り，何度もCく

32　第3章　対話と共感から生まれる保育

んをトイレに連れていった。しかし，Cくんはトイレでの排泄ができず，午前11時過ぎに「シャー」という音が保育室に響き，みるみるうちに保育室の床に黄色い尿が流れた。Cくんは，尿が流れる感覚を初めて体感して号泣した。
　保育者は，「おしっこが出てすっきりしたね」とCくんに言葉をかけ，「キモチイイ」というCくんの気持ちを代弁して言葉にした。2回目からCくんは泣かなくなり，成功と失敗を繰り返しながら，徐々に排泄とトイレが結び付くトレーニングを3か月継続した。するとCくんは，自分で「オシッコ　イク」と言い，トイレで排泄ができるようになった。

　事例3-3は，おむつが取れないCくんが，基本的生活習慣（食事，睡眠，排泄，清潔，衣類の着脱）の中の排泄を身に付けていく過程である。生活の中で保育者は，親子と対話し共感している様子がうかがえる。保育者は，子どもの発達に関する知識を基に，子どもの育ちを見通し，トイレに子どもの好きなマンガのシールを貼り，絵本やDVDを使って排泄の意味を伝えるなどの配慮がある保育環境を準備している。また，保育者は，母親の声を傾聴し，「園では私たち保育者が頑張りますから，ご自宅では保護者の方が頑張ってくださいね。洗濯物が減りますよ」と助言と励ましを繰り返した。保護者と共に保育者は，Cくんに対し，「おしっこが出てびっくりしたね」「おしっこでパンツが濡れて気持ち悪かったね」と共感し，「きれいにしに行こうね」と対話しながら継続してトレーニングを行い，トイレで排泄ができたときにはしっかり褒めたことが，トレーニングの成功の秘訣となった。

（2）言葉を交わす喜び

　3歳頃の子どもは，個人差があるものの生活の中で困らない程度の言葉を話すようになり，対話の基本的な骨組みが一応完成するといえる。この頃から，協調関係が可能になる。また，岡本は，「言葉が組織的に獲得されてくると，こんどは，その言葉が子どものいろいろな側面へ大きな影響力をもってくる。それは生活を言語化し，人々との交わり方を変え，自分の行動をコントロールし，自我感情を客観化し概念や知識の形成に参加してくる」[5]と指摘している。
　子どもにとっては，生活を言語化し，言葉に思いを乗せ，その思いが実現できることが喜びである。子どもは，信頼を寄せる保育者の言葉の模倣から始まり，対話の中で，保育者の願いを自分の内に取り込んでいく。また同時に，保育者の働きについて，加藤は，「子どもには，子どもの思いがあり，その思いを発展させる。それを想像するのが対話の保育である」[6]と指摘している。
　この具体的な場面として，次の事例3-4で，保育者の働きかけによって，子どもたちが心を動かされるような体験を共有し，言葉を交わす喜びを味わった事例をみていこう。

4. 生活の中での対話と共感　33

> **事例3-4　Dちゃん（4歳9か月・女児）の言葉から心を動かされた体験の共有へ**
>
> 　幼稚園の降園前，保育者と子どもたちが集まって一緒に過ごす「帰りの会」での出来事である。Dちゃんがきれいな色の落ち葉を手に持って会の輪の中にいた。日頃は言葉数の少ないDちゃんが何か言いたそうにモジモジしていた。その様子を見た保育者は，「Dちゃん，お友だちに何かお話がありますか？」とDちゃんに尋ねた。Dちゃんは落ち葉を見せながら，「キョウハ　コンナニキレイナ　オチバヲ　ミツケマシタ」と言い，心を動かされた体験を友だちや保育者に伝えた。すると友だちも，「スゴク　オチバ　キレイダネ」と言って心を動かされていた。
>
> 　その様子を察した保育者は，「どこで見つけたのかな。お友だちも教えてほしいよね」と共有の思いを言葉にした。多くの友だちから，「Dチャン　オシエテクダサイ」の応答があった。保育者は，「お友だちにも教えてくれる？」とDちゃんに言葉がけをした。するとDちゃんは「イイヨ」と言って，園庭の大きな木の下に，友だちや保育者を案内した。その場所には，誰にも踏みつけられていないきれいな落ち葉がたくさんあった。子どもたちは全員，きれいな落ち葉を見つけることができた。友だちから「アリガトウ」の声をもらったDちゃんは，とても自信に満ちた表情になった。

　事例3-4においてDちゃんは，体験したことを保育者や友だちに自分から伝え，言葉を交わす喜びを味わうことができた。その背景には，Dちゃんの心を動かされた体験を，他の子どもたちと共有できるような保育者の働きかけがあった。その他にも考えられる保育者の働きかけとして，「Dちゃんがきれいな落ち葉を見つけてよかったね」「落ち葉もDちゃんに見つけてもらえて喜んでいると思うよ」などと，他の子どもたちの思いを新たに言葉にすることもあるだろう。それによって，子ども同士の深い理解が育まれ，Dちゃんだけでなく他の子どもたちも，心を動かされた体験をし，言葉を交わす喜びを味わえるようになるだろう。

　翌日，保育者は，保育室で子どもが主体的・対話的に関わることができる落ち葉を使った製作遊び（落ち葉スタンプや落ち葉を貼るカードづくりなど）ができる保育環境をつくることも考えられる。生活の中で子どもが心を動かされた体験は，対話と共感から生まれる保育によって，楽しい遊びへと発展していくだろう。このように保育者には，子どもの思いを想像し，意味を共有する配慮が必要だろう。

（3）絵本や物語などで，その内容と自分の経験とを結び付ける

　子どもは，絵本や物語を通して，イメージを広げたり仲間と楽しみを共有したりして楽しみながら言葉を身に付けていく。保育者は，子どもの年齢や時期を考えた絵本や物語などを保育

に取り入れることが必要である。では，次の「ツバメのお話」を通して，子どもの発達や学びの過程を理解しながら，具体的な保育者の言葉の援助のあり方を考えてみよう。

> **事例3-5　5歳児クラスでのツバメのお話**
>
> 　暖かくなる春は，ツバメが到来する季節である。さわやかな春の空にツバメがエサをくわえて飛んで来て，巣で大きな口を開けてエサを求める子ツバメにエサを与える姿を眺めるのは気持ちがよい。
> 　パン屋さんの軒下にツバメが巣を作った。でもある日，大きな鳥に卵を食べられてしまった。かわいそうに思ったパン屋のお父さんが，お店の中に巣を移した。これで，ツバメのお父さんとお母さんは安心して子育てができるようになるだろう。保育者は，「みんなの家の近くにツバメの巣があったら教えてね」と子どもたちに伝えた。
>
>
> 写真3-2　ツバメの巣

　事例3-5の話を聞いた5歳児の子どもたちは，「パンヤノオトウサン　ヤサシクテ　ヨカッタ」「ツバメノアカチャン　ウマレルト　イイナ」と話し，また，ある子どもは，「チカクニ　ツバメノス　アルヨ」と話すことが予想できる。そこで保育者は，子どもからツバメの巣がある所を教えてもらい，園からツバメの巣までの道のりの下調べをする。

　数日後，保育者は子どもたちを連れてツバメの巣を見に行く。その間，ツバメが出てくる絵本を取り上げることもできるだろう。また，ツバメの歌を歌うことや，ツバメ飛行機を作って遊びに展開することもできるだろう。遊びを通して子どもは，生活体験を豊かにすることができるのである。生活体験や遊びを豊かにするような保育者の役割と援助とは，子どもの思いを引き出すとともに洞察し，それに合致した環境づくりをすることである。

5．遊びの中での対話と共感

　子どもの遊びは，生活そのものである。子どもは遊びを通して，好奇心や探求心を育み，想像し共感しながら気付きを言葉にし，言葉を使って伝え合い，他の子どもを思いやる心やコミュニケーション能力などを獲得していく。幼児教育は，遊びを通して学びを実現するものであり，保育者の力量を必要とする。

　子どもの遊びは，言葉以前のコミュニケーションを基礎としているといえる。言葉の発達を促し共感の基礎を育てる乳児の遊びには，ふれあい遊び（あやし遊び）がある。これは，乳児が保育者と一対一で十分にふれあい，機嫌よく声や言葉を発することができる遊びである。

　乳児期に共感の基礎を育み，子どもが満1歳を過ぎると，事例3-2で紹介したBくんのよ

うに，保育者が子どもの気持ちを汲み取り共感して仲介することによって，子どもは対話することができる。事例3-2には続きがあり，Bくんは，絵本の次にボール遊びをした。Bくんは，自分が見たい絵本のことをわかってくれた保育者に，一つの小さくて柔らかいボールを転がした。保育者は，Bくんと目を合わせて，「Bくん，ありがとう」「じょうずだね」と言ってボールを受け取った。保育者は，「Bくん，コロコロいくよ」という言葉を添えてボールを転がした。するとBくんは，「アッア」と言ってボールを指さした。保育者は，「Bくん，ボールちょうだいなの？」と言葉がけした。保育者が仲介することによって，遊びの中で対話と共感が成立し，子どもは言葉をため込んでいく。

　これに関連して，子どもの言葉の発達を促すため保育者は，意識的に遊ぶ時間（事例3-2では絵本やその後のボール遊び）を設けるようにすることが大切である。また，保育者が子どもと一緒に遊び，遊びの中で言葉を添えることも大切である。Bくんは，信頼する保育者と一緒に遊ぶ楽しさを味わい，対話と共感の姿勢を学ぶことになるだろう。

　3歳頃には，初歩的な日常生活の模倣である「ごっこ遊び」が登場する。その中でも「お店屋さんごっこ」における3歳児初期の特徴は，「イラッシャイマセ」「ドーナツ　クダサイ」「アマイナァ」と一人で会話する場面がみられることである。その後の4歳頃までが，言葉の獲得が著しいといわれている。

　5歳頃には，言葉で想像する力が育つ。例えば，動物園への遠足後，ある5歳児が首の長いキリンを，段ボールに絵の具で描くことがある。そのとき，作り方の説明書を見てもわからず，友だちと一緒にキリンの載っている絵本や図鑑を見ながら「ドウヤッテ　ツクッタラ　イイノカナ？」「ココヲ　ナガクシタラ　イイヨ」，「コッチモ　テツダッテ」「イイヨ」と想像しながら作っていくような，言葉で想像しながら言葉で伝え合うことができるようになる。

　以上，これまで紹介した事例3-1～3-5を通してわかることは，保育者の役割と援助が，言葉を育てる上で確かに必要であるということである。高濱は，言葉を育てる保育者の役割と援助を，「コミュニケーションを媒介すること，話したい相手であること，一人ひとりの思いを引き出すこと」[7]であると指摘している。また，ウォールディンガー（Waldinger, R.）は，「健康と幸福とは，孤独でないこと，本当に頼れる人がいること」[8]と述べている。つまり，子どもには，子どもの思いを注意深く洞察し共感し，応答的なコミュニケーションを媒介することができるような本当に頼れる保育者が身近にいることが大切である。

　保育現場において，保育者が子どもと「気持ちが通じ合えた」「言葉の意味が共有できた」と実感できるとき，子どもの言葉は発達し，園生活は楽しいものとなり，遊びは広がると考えられる。言葉を育てる保育者の役割と援助は，「言葉」の指導法としても置き換えることができるので，その重要性をしっかりと押さえておくことが大切である。

注）本章では，子どもの言葉はカタカナ，保育者の言葉はひらがな・漢字とした。

引用文献

1）佐々木宏子：絵本の心理学―子どもの心を理解するために―，新曜社，2000，pp.111-124.
2）Bowlby, J.：The nature of the child's tie to his mother. *The International Journal of Psychoanalysis*, 39, 1958, pp.350-373.
3）田島信元：ストレンジ・シチュエーション法，心理学事典（中島義明・安藤清志・子安増生・坂野雄二・繁桝算男・立花政夫・箱田裕司編集），有斐閣，1999，p.476.
4）大橋喜美子：乳児の保育と思春期への育ち，乳児保育（大橋喜美子編集），北大路書房，2009，pp.36-37.
5）岡本夏木：子どもとことば，岩波新書，1982，pp. 9 -10.
6）加藤繁美：いまなぜ〈対話的保育〉か，和光大学現代人間学部紀要，2009，pp.181-188.
7）高濱裕子：幼児教育の現代的課題と領域，事例で学ぶ保育内容〈領域〉言葉（無藤　隆・高濱裕子編集），萌文書林，2007，pp.175-177.
8）Robert Waldinger：ハーバード大学生涯発達コホート研究，https://www.ted.com/ talks/robert_waldinger_what_makes_a_good_life_lessons_from_the_longest_study_on_happiness, 2016.

参考文献

・大橋喜美子：0 ・ 1 ・ 2 歳児の保育の中にみる教育―子どもの感性と意欲を育てる環境づくり―，北大路書房，2017，pp.74-77.
・大森弘子：春の指導計画，教育課程・保育課程論（千葉武夫・那須信樹編集），中央法規出版，2014，pp.146-150.
・柴田長生・大森弘子：幼児期後期における「言葉領域」の発達と，子どもの成長全般への関連について―よりよい保育実践の視座を得るために―，臨床心理学部研究報告第11集，2018，pp. 3 -16.
・文部科学省：幼稚園教育要領，2017.
・厚生労働省：保育所保育指針，2017.
・内閣府・文部科学省・厚生労働省：幼保連携型認定こども園教育・保育要領，2017.

資料協力園

・社会福祉法人　つわぶき園

第4章 保育教材としての児童文化財

1. 言葉と関連の深い保育教材

　保育内容を豊かに展開するために，保育者が児童文化財についての知識や技能をもつことは大切である。本章では，言葉に関わる児童文化財を中心に，教材としての選択の方法および指導法を学ぶ。

（1）絵　　本

1）保育教材としての絵本

　絵本は，「絵」と「文章」によって「もう一つの世界」が創られる総合芸術である。乳幼児期の子どもにとって，絵本は，玩具と同様に最も身近な文化財であるといえる。「本」という位置付けから考えると，その活用方法としては多分に個人的なものであるが，普及率や手軽さから集団保育の中で用いられることも多い。いずれにしても，子どもと大人が絵本を仲立ちとして，楽しい時間と空間を共有することが，絵本の大きな役割だろう。

　1875（明治8）年，京都上京第三十区第二十七番組小学校（後の柳池小学校）に「幼稚遊嬉場」といわれる幼児教育施設が開設された。その概則の中には，幼い子どもの才能を育む玩具の一つとして「賢人名媛の行跡ヲ図画セル絵本又小学入門ノ如キ品物ノ形似ヲ知ルヘキ絵本幾十冊」を用意することと明示されている。おそらく，伝記絵本や事物絵本などが，保育の中で用いられていたのだろう。

　さらに，1876（明治9）年には東京女子師範学校附属幼稚園（現在のお茶の水女子大学附属幼稚園）が開設され，日本の幼児教育の基礎が形成されることとなる。大阪市の愛珠幼稚園では，1899（明治32）年に，教具の一つとして全18冊の観察絵本が採り入れられ，幼児が各自所有し教科書のように用いていたという。

　絵本については，幼稚園教育要領や保育所保育指針，幼保連携型認定こども園教育・保育要領の中で，主として言葉の指導面への効用が中心とされてきた。しかし，幼児にとって絵本は，単なる言語指導の教則本ではないし，知識習得のための教材でもない。集団保育において，乳幼児と保育者が絵本の世界を共有するとき，絵本を“心の栄養”ととらえ，想像力や表現力を育む源として保育内容の中にしっかりと位置付けていきたい。

2）絵本の選び方

　保育者からみれば，その絵本を通して子どもに何を伝えたいのかということを，常に意識しながら絵本を選ぶ必要がある。それは，すなわち，選ぶ人，そして読み手がいかにその絵本に感動したか，ということにほかならない。逆に，よい絵本のリストのようなものから，上位にあげられているからといって，それほどおもしろいと思っていない作品を読んでみても，子ど

もに伝わるものがなく，楽しい時間を共有することもできない。
　また，読み手にとって思い入れの強い作品であっても，子どもの興味・関心度や発達段階によって，うまく受け止めてもらえないこともある。そういうときには，絵本は，繰り返し繰り返し読むことのできる本であるという利点を活かして，少し日を改めて，また読んでみるとよい。絵本の中には，何度も読み込むことによって，ようやくおもしろさがわかる作品もある。
　しかしながら，目の前の子どもたちが，今，どのような発達段階にあって，何に関心を寄せているかは，保育者であれば把握していて当然だろう。まずは，そこを押さえながら，日頃から数多くの絵本に出あって，自分自身が感動できるたくさんの作品を自らのブックリストとしてもっておくことが大切である。

3）絵本の読み方

　まず最初に，新しい本には特に開きぐせをつけておく。絵本を安定させるには，片手で絵本の下辺の中心（「のど」の部分）をしっかり持ち，もう一方の手でページの下端を押さえる。ページをめくるときに，絵本が傾いたり，手の甲や腕で絵を隠すことがないように注意しよう。

　読む際には，表紙を見せながら題名をはっきり告げるところから始める。ページをめくるタイミングや読むスピード，絵を見せる時間などは，どのページも均一である必要はない。物語の内容や，子どもの様子に配慮しながら読むことが大切である。最後には裏表紙もきちんと見せ，物語の世界の余韻を楽しむために，保育者のほうから必要以上に感想を聞いたり内容の理解度を問うことは控える。
　また，絵本の内容や子どもの発達段階に合わせて，読み方には種々の工夫が必要であるが，大げさに声色や表情を変えたり，身振り手振りをつけると，子どもの注意が物語の世界から保育者に移ってしまう。声の大きさや高さを少しだけ変えてみたり，間の取り方に気を付ける程度にして，想像力を駆使して絵本の世界を楽しむ子どもたちの想いを大切にしよう。

4）絵本の世界を楽しむために

　絵本は，子どもと保育者が，物語の世界を楽しみ，経験を共有できる保育教材である。同時に，保育者の想いを，絵本を通して子どもたちに伝えることも可能である。したがって，絵本選びは慎重に行う必要があるし，また，集団で読むにあたっては多くの配慮が求められる。子ども全員から絵がよく見えているか，一番後ろにも届く声で読めているか，蛍光灯などによる光の当たり具合は適切であるか，絵本を持つ保育者の後ろに子どもの注意をひくようなものが配置されていないか，など，絵本を読む環境を十分に整えることを心がけよう。
　絵本は，人がその人生で初めて出あう本である。そして，生涯にわたって楽しむことができる本でもある。幼い頃に出あった絵本のたとえ一場面であっても，大人になってなお覚えている人は多い。それは，ただ物語の世界を思い出すことだけでなく，読んでもらった人の声の調子やその場の穏やかな空気の流れなども包括して鮮やかによみがえる幼少期の体験であり，それらも含めて，"絵本を読む" ということなのだといえる。

（2）紙 芝 居
1）紙芝居の特徴
　紙芝居は，絵本と同じく，「絵」と「文章」とで物語を構成している。しかし，絵本と大きく異なる点は，集団で楽しむために創作されているというところである。同時に，同一の内容を，多数で観ることを意識し，紙芝居の絵は，大きくはっきりとした図柄で，物語の進行に不必要なものは描かない，といった配慮がされている。また，文章についても，絵本は「読む」ものであるが，紙芝居には「演じる」という要素が多くなる。そこに著された言葉は，単なる物語の説明ではなく，演者が，観客に向けて生き生きと語りかけることができるような，躍動的な文章がふさわしい。
　現代の紙芝居が，平面上の描写でありながら演劇的な要素を多分に含んでいる背景には，次項のような紙芝居の成立過程が起因している。

2）紙芝居の歴史
　紙芝居のもとになっているのは，幻燈による街頭の芸能であった。19世紀にオランダから入ってきた幻燈機を何台も使ったり，複数のスライドを重ね瞬時に動かしたりすることによって，動く幻燈が開発され，見世物として興行されたのである。やがて，これらの内容が複雑化し，幻燈機の操作にも人手や技術が必要になる中で，考案されたのが「立絵」であった。明治中期のことである。立絵は，紙の人形の表裏をすばやく回転させたり，部分に仕掛けを施したりすることによって，動く映像を見せることができ，簡易でありながら劇的な効果をもっている。また，舞台は小型化され，自転車の普及もあって，興業の範囲は広がっていったといえる。
　しかしながら，舞台劇には種々の表現の制約があり，舞台も小型化すると，演じ手の望むような効果を得ることが難しくなってくる。そこで，場面転換や時間の経過を具体的に表現でき，より劇的な変化に富んだ映像を見せる方法が模索され，大正末期に現在のような平絵の紙芝居が開発された。そして，これらは，昭和初期の「黄金バット」の登場により，街頭での芸能として，またたく間に全国に普及したのである。大人にとっても子どもにとっても，娯楽の少なかった時代であった。
　だが，第二次世界大戦後，芸術性に乏しい街頭紙芝居は，教育面からも衛生面からも批判されることとなる。そして1950年代，テレビが普及する頃には，街頭紙芝居屋はほぼ廃業となった。一方で，紙芝居の伝達性や啓蒙性に注目し，宗教伝道や学校教育への活用を考える動きも起こっていた。今井よね（1897（明治30）～1968（昭和43）年）の福音紙芝居による印刷紙芝居の開発や，高橋五山（1888（明治21）～1965（昭和40）年）による街頭紙芝居の通俗的娯楽性の排除に基づく文学性，芸術性を備えた紙芝居作品の創作といった功績は大きい。

3）紙芝居の種類
　立絵や平絵以外の紙芝居の仲間としては，次のようなものがあげられる。いずれも，手づくりが可能であり，製作者や演じ手によってさまざまな工夫を凝らすことができる保育教材である。
　①　ペープサート　　立絵から出発したものであり，「切り抜き人形」とともに，人形劇を簡

略化したものであるともいえる（図4-1）。第二次世界大戦後には，永柴孝堂（こうどう）（1909（明治42）～1984（昭和59）年）により「ペープサート」と名付けられた。反転のおもしろさを表すように演出を工夫すると，製作も含めて，幼児にも容易に扱える保育教材である。

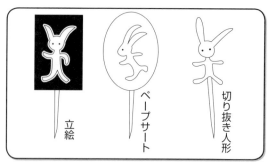

図4-1　立絵，ペープサート，切り抜き人形

② **パネルシアター**　古くはフランネル絵という呼称で，素材の密着性を活かし，フランネルの小型舞台に不織布を切り抜いた人形をはりつけて演じていた。1973（昭和48）年に浄土宗西光寺住職の古宇田亮順（こうだりょうじゅん）によって，より密着度の高いパネル布およびPペーパーが用いられ，保育現場における優れた視聴覚教材として新たな歴史を刻むことになる。

③ **まきとり絵**　枠の舞台の中で，絵の描かれた紙を巻きとることによって，次々と画面が変わっていくものをいう。絵が連続しているために場面転換が難しいことや，特定の方向にしか移動できないといった欠点はあるが，遍歴型の物語など，工夫をすれば効果的に活かすことができる。自作が中心となるが，大勢で協力して一つの物語を創りあげる楽しみもある。

その他，物語の重要な場面だけを数枚重ねて，めくりながら口演をする「めくり絵」や，一枚絵を使った「絵ばなし」も，紙芝居の仲間として効果的に活用したい。

4）紙芝居の演じ方

紙芝居を演じるには，絵本と同様，まず下読みをして，自分なりの演出方法を考えておく。各画面の裏に記された「演出ノート」のような注意書きも参考になる。

上演にあたっては，舞台（図4-2）を使うことを心がける。紙芝居は，画面を抜く方向や，物語の流れなど，舞台に入れて演じることを前提として創作されている。そして，また，舞台を使うことによって，子どもたちが

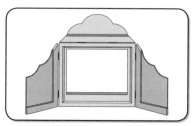

図4-2　紙芝居の舞台

演劇的空間，すなわち日常とは異なる世界を体験することが可能になるのである。

平面で表現された紙芝居は，演劇の仲間とはいえ，動きが少ないことが欠点であるといえる。そこで，演じる際には，声の調子や間の取り方などによって，その欠点をカバーするような工夫が必要となる。また，画面を抜くタイミングやスピードなども，事前によく練習して演じ，改善を重ねて，子どもたちを惹きつけることのできる技術を身に付けよう。

紙芝居には，創作や昔話などの物語だけではなく，生活習慣や行事をテーマにした作品も多い。保育の計画の中に位置付けて，季節や年間行事に合わせて，年齢や発達段階に適したものを選ぶ。

集団を対象とした紙芝居は，その場にいる仲間と経験を共有し，隣にいる友だちと感情をわ

かち合いながら楽しむことができる。また，演じ手である保育者も，子どもの表情を見ながら，観客のテンポに合わせて演じることが可能になる。人と人との関わりを深めていくことのできる紙芝居を，絵本と同じように身近な教材として，保育の中に取り入れていきたいものである。

（3）幼年文学と詩

1）児童文学における幼年文学

幼年文学は，幼い子どもを読者対象とした児童文学のジャンルの一つである。日本の児童文学の歴史の中で，「幼年」という語が用いられたのは明治期であるが，幼年文学史において重要なのは，昭和に入り「幼年童話」という新たなジャンルが生まれたことである。幼年向け雑誌に掲載された「短く抒情的な」作品群が幼年童話と呼ばれるようになった。なかでも，浜田広介は，自らの作品を「ひろすけ童話」と名付け，児童文学史においてその地位を確立した。

1950年代後半になると，幼児向けの作品の中にも，いぬいとみこの『ながいながいペンギンのはなし』（1957（昭和32）年）のような長編が現われる。幼児には短編がふさわしい，長編を楽しむ力はないのだと考えられてきた幼年文学の概念が崩されたのである。そして，その後は，寺村輝夫の『ぼくは王さま』（1961（昭和36）年），中川李枝子の『いやいやえん』（1962（昭和37）年），松谷みよ子の『ちいさいモモちゃん』（1964（昭和39）年），あまんきみこの『車のいろは空のいろ』（1968（昭和43）年）など，現在も読み継がれている幼年文学の傑作が，次々と出版された。1969（昭和44）年刊行の『くまの子ウーフ』（神沢利子）などは，擬人化された熊の子どもが，自らのアイデンティティを探求しながら成長していく物語であり，大人が読んでも哲学的で興味深い。

これらの作品の多くは，小学校低学年の国語教科書にも採用され，たくさんの子どもたちに親しまれてきたが，近年の幼年文学は不作だといわれている。幼い子どもも楽しむことのできる幼年文学の価値がもっと認識され，新たな傑作が生まれることが期待される。

2）幼年文学の特性

幼年文学は，当然のことながら，まだ文字が読めない子どもも対象となるため，大人が子どもに「読んで聞かせる」，「語る」というかたちをとることになる。すなわち，耳から聴く文学であることが，幼年文学の特徴であるといえる。

保育内容の中から「談話」が消え，家庭で昔話が語られることも少なくなり，子どもたちの物語を聞く体験の機会は急速に減少している。しかし，4歳児，5歳児になると，生活経験も豊かになり，想像する力も身に付いてくることを考えれば，文学作品を保育者が読み，子どもが耳から聞いて情景を頭に描く体験をすることは大事な保育内容であるといえる。とりわけ，午睡の前など，静かな落ち着いた環境のなかでの長編の読み聞かせは，子どもたちに物語の展開を想像させるだけでなく，「続きはまた明日ね」という保育者の言葉に，翌日の登園への期待や楽しみをもたらすだろう。

絵本と児童文学の関係は，絵本が終わったから次は児童文学へ，というような段階的なものではない。絵本は，絵と文章とで物語が表現され，児童文学は，物語が文章だけで語られる。

42   第4章　保育教材としての児童文化財

それぞれにふさわしい内容があって成り立っている保育教材なので，必要に応じて選択し，子どもと物語の世界を楽しみたいものである。

3）乳幼児と詩

詩も児童文学の中の一つのジャンルである。詩といえば，教科書で読むもの，小学校に入ってから出あうもの，といったイメージが強いかもしれない。しかし，詩には，一語一語に込められた作者の想いと，洗練された美しい言葉のリズムがある。これから，たくさんの言葉を獲得していく子どもたちに適した教材であると考えられる。

「子どもの詩」は，子ども自身の創作と，大人が子どもの読者を想定して創作した作品に分けられる。なお，子ども自身が作った詩の中には，日常の生活の中でつぶやいた言葉を，大人が拾い上げたものも含まれている。

① 子どもの創作　「子どもは詩人だ」とよくいわれる。だが，それらは，子どもが作ろうと思ってできあがった詩ではなく，子どもが生活の中で目にしたものを感じたまま口にしたつぶやきであるととらえられるものも多い。どのように表現すれば美しいかとか，言葉のリズムの楽しさであるとか，そのようなことには無頓着であり，乳幼児のつぶやきの根底にあるのは，ただ生活の中での好奇心や関心にほかならない。

　　そして，大切なことは，そのつぶやきを聞き逃すことなく受け止め，文字に著してくれる大人の存在である。美しい言葉も正確な表現も，口に出した瞬間に消えていくものであり，それが話し言葉の特性であるともいえる。そのような一過性の些細ともいえる言葉を，大切に思って書きとめてくれる大人が身近にいることは，その子どもにとって限りなく幸せなことである。

② 大人の創作　現状では，保育の場で詩を教材として扱う機会はさほど多くはないだろう。しかし，幼児にも理解できる優しく美しい詩は，数多く生み出されている。そのような詩を，保育内容の中に位置付け，保育者と子どもが日本語の楽しさを共有できる時間をもちたいものである。

　　かつて幼児教育における詩歌の重要性を示した倉橋惣三は，「心理学者と呼ばれるよりも詩人と呼ばれたい」と自身のことを語っていたそうである。そして，幼児教育の中に積極的に詩歌を取り入れようとし，自らも数多くの詩を創作した。倉橋は，また，保育者が自分の気に入った詩集を常に傍らに置いておくことを提唱している。

　　もちろん，幼児に詩を覚えさせたり暗唱させることが，保育者の目的ではない。日々の保育の中で，保育者が自身の好きな詩をくり返し口ずさむ。すると，美しい言葉のリズムが子どもたちの心に刻みこまれ，やがて，保育者が一つのフレーズを口にするだけで，子どもたちが唱和するといった展開は，保育者と子どもの信頼関係の表れともとらえることができよう。

（4）言葉遊びとわらべうた

1）乳幼児と遊び歌

遊び歌とは，文字どおり遊びと歌が一体となったものをいう。保育の中で日常的に活用され

1. 言葉と関連の深い保育教材　　*43*

る「手遊び」や「身体遊び」「リズム遊び」，いわゆる「ふれあい遊び」などに加えて，「わらべうた」も遊び歌の一つととらえられる。ただし，わらべうたは，子どもたちが遊びの中で自然に創りあげ，歌詞や音程を遊びに合わせて自由に変化させてきたものであるのに対して，その他の遊び歌は，大人が子どものために創作してきたものである。

したがって，わらべうた以外の，大人が子どものために作った遊び歌には，外国の曲に日本語の歌詞をつけたものなども含まれる。保育者同士が口伝えで教え合っていくことも多いが，歌詞や旋律が大きく変化することはあまりない。近年では，ユーチューブなどにアップされたものを活用して練習することも多く，良きも悪しきも日本全国同じようなメロディーや振り付けで拡散されていく。

また，中川ひろたかや湯浅とんぼなど近年の遊び歌作家には，保育士や幼稚園教諭など直接乳幼児と関わった経験のある人が少なくない。子どもが好むであろう題材やテーマの中から，身近な生活に根ざした言葉がたくさん使用されているのもうなずける。それらの言葉は，楽しいリズムとともに，遊びを豊かにするものとして，大切な保育教材の一つとなっている。

2）遊び言葉と伝承

遊びの中で，乳幼児は，言葉によって仲間とのコミュニケーションを円滑に進める方法を身に付け，新たな言葉の獲得によって自らの表現を豊かにする。また一方で，遊びの中で言葉を操作し，一種の遊び道具としてこれを用いてきた。「しりとり」や「なぞなぞ」などは，言葉から生まれる遊びであるが，それらは，子どもたちが，一定のルールに基づいて言葉の特徴をうまくとらえながら発展させてきたものである。遊びが伝承される中で，年少の子どもたちは，言葉の詳細な意味はわからずとも，年長の子どもたちの使う言葉を覚え，遊び方を身に付けてきた。

① **しりとり**　　しりとりは，単語の最後の音節を次の単語の最初の音節に使いながら，次々に単語をつなげていく遊びである。日本語では，頭に「ん」のつく単語が皆無に等しいため，「ん」で終わる単語を言ってしまうと負けになるのが通常のルールである。参加人数は何人でもよく，メンバーの年齢や発達段階，生活環境，そして知識の量などによって，ルールを変え，難易度を調整することができる。

② **なぞなぞ**　　なぞなぞ（謎々，なぞ）は，「何ぞ？」と問うところからつけられたといわれる。言葉を用いたクイズであるが，あらかじめ用意された答えに導くための問いかけが発せられる。その正解は必ずしも事実に基づくものではなく，言葉の意味をこじつけたシャレやダジャレのようなものも多く含まれている。「上は大水，下は大火事なあに？」（答え：風呂），「目が3つ，足が1本のおばけはなあに？」（答え：信号機）のようななぞなぞ遊びは，子どもの生活に密着した見立てから生まれている。また，「パンはパンでも食べられないパンなあに？」（答え：フライパン），「パンはパンでも空を飛ぶパンはなあに？」（答え：ピーターパン）のように，同音の言葉の多様性を楽しむものも多い。

3）乳幼児とわらべうた

わらべうたは，日々の生活の営みから，そして，子どもの遊びの中から生まれたものであるために，そのほとんどが，誰がいつ創作したのか，どのように遊ばれ始めたのか，などはわ

かっていない。伝承されてきた地域や時代によって，当然のことながら，同じ歌でも，言葉や言い回し，旋律や節，遊び方なども異なっている。けれども，それこそが，子どもの生活に密着したわらべうたの特徴であるともいえる。地域で独自の遊び方をするからこそ，その地域の子ども集団の団結力を強める役割を果たしてきたのだろう。

わらべうたは，日本語の特徴を反映したものであるといわれ，幼児の言葉遣いに即して自然なかたちで歌われてきた。とりわけ，0～3歳の乳幼児に適したわらべうた遊びには，親や保育者とのスキンシップを図るものが多く，それらは，大人から子どもへの愛情の伝達の一方法であるともいえる。

4）保育におけるわらべうた

わらべうたを保育の中に取り入れるにあたって，保育者は，そこに多くの教育的効果を見出してきた。日本の伝統的な音階感覚を身に付ける音楽的な効果，クラスの集団力を高める社会的な効果はもちろんのこと，動作を伴うことによる身体的能力や柔軟性のある遊びの中で臨機応変に役割やルールを変えていく力も育むことができる。しかし，わらべうたに伴う遊びは，子どもの自発的活動から生み出されるものであると考えると，保育者は，まず，子どもが自由に，自分たちで考えた遊びを展開できるような環境を整えておかなければならない。乳児期からの伝承の積み重ねも大切だろう。

今日，少子化・核家族化や子どもの生活環境の変容による異年齢の子ども集団の崩壊といった社会現象の中で，伝統的な遊びやわらべうたの継承の機会を確保していく必要がある。また，時には，外国籍の子どもや大人とも，わらべうた遊びを通して深いつながりをもつことができるかもしれない。子どもたちが，自ら生活する地域の文化を再認識し，異文化との融合によって新たな文化を創造する力を付けていくことが期待される。

（5）おはなし

1）おはなしの歴史

「おはなし」の歴史は古い。おそらく，人類が言葉を獲得したときから，親から子へ，祖父母から孫へ，そして地域の長老から村人へと，おはなしは語られてきたのだろう。それらは，また，節談説教や講談，落語のような，いわゆる口演芸術として受け継がれ，大衆的な芸能としても高い技術を確立していった。

おはなしが，子どものための特殊なジャンルとして成立したのは，明治期であるといわれる。1906（明治39）年には，巌谷小波や久留島武彦によって「お伽倶楽部」が設立され，童話の口演活動をはじめとする子どものための総合的な文化運動を目指した。とりわけ口演童話は，大正期から昭和初期にかけて全盛時代を迎えたが，第二次世界大戦後には多様な視聴覚メディアの普及などによって急速に衰退してしまった。

しかし，おはなしそのものが語られなくなったわけでは決してない。子どもにとって有意義なものであることは，保育の場や家庭はもちろん，図書館や地域の子ども文庫で，多くの人々が実証している。おはなしが，子どもと大人の楽しい時間の共有をもたらす児童文化財の一つであることは紛れもない事実であり，耳から聞く体験の乏しくなった現代の乳幼児にこそ語ら

れなければならない。

2）おはなしの方法

① **口演童話**　口演童話は，言葉と表情とジェスチャーによって物語の世界を表現する方法であるが，その中でも，言葉をリズミカルに表現するもの，ジェスチャーを多用するものなど，物語によって，また対象となる子ども集団の状況によって，さまざまな表現方法がある。言葉は主として会話や説明，心理の変化を表現し，ジェスチャーでは，人物の行動や，ものや場所の大きさや広さなどを表すようにする。したがって，物語を脚色する際には，言葉とジェスチャーの双方が効果的に表現されるよう考慮しなければならない。大正期から昭和初期にかけての隆盛期には，各地の小学校や公民館，演芸場などを会場に，口演童話家が活躍していた。その規模や様式はさまざまであったが，大人と子どもが共に楽しめる娯楽であったといえる。

② **ストーリーテリング**　ストーリーテリングは，言葉を主とした表現方法であるが，1880年代に，アメリカの図書館の児童室で生まれた。日本においても，明治時代に「図書館雑誌」で紹介され，1909（明治42）年には，岸辺福雄が著書『お伽噺仕方の理論と実際』の中で，その方法や技術について記した。その後，アメリカでも口承文芸の衰退がみられたが，1950年代後半から60年代に再び復興の兆しがみえ始めた。日本でも，1960年代後半に，実際にアメリカの図書館で学んだ人々が紹介し，おはなしを語る一つの方法として，各地の図書館や子ども文庫に流布した。

　　現在でも，室内を暗くし，「おはなしのろうそく」を灯して語る方法は受け継がれているが，一方で，そのような形式にとらわれることなく，「テキストを覚えて語る」という基本の部分を尊重し，児童図書サービスの分野や保育の場はもとより，教会の日曜学校や地域の公民館・児童館などでも，おはなしは静かに温かく語られている。

3）保育教材としてのおはなし

　おはなしは，絵本などを用いず，保育者が声と表情だけで物語を語るという保育教材である。すなわち，何も道具を使わずに，子どもとの間に楽しい時間を創り出すことのできる優れた児童文化財（保育教材）なのである。しかし，ただ簡便なだけではなく，保育者の力量が問われるのが，おはなしの技術であるともいえる。

　おはなしの題材は，聞き手となる子どもの発達段階に適したものを選びつつ，以下のようなことがらに留意する。

（ア）物語の構成がしっかりしており，おおむね平易な内容であること

（イ）幼児の予想できる範囲の秩序にしたがって展開される内容であること

（ウ）主な登場人物，動物などが幼児の身近なものであること

（エ）反復を含んだり，リズム感，躍動感のある展開であること

　また，絵本から選ぶときには，まず，文章の部分を書き出してみて，それだけで内容が十分理解できるかどうか確認しておく必要がある。絵本は，絵と文章とで一つの世界を創っているものだからである。テキストができあがれば，当然のことながらきちんと覚えて語ることが求められる。まず，数回黙読して物語の流れを把握した後，情景を心に描きながら何度も繰り返

46 第4章 保育教材としての児童文化財

し音読する。そのおはなしの中で，自分が聞き手に何を伝えたいのかを考え，キーワードなど，力点を置く箇所を押さえておく。間やスピードにも注意し，おはなしの流れにメリハリをつけることを心がけよう。

おはなしをする際には，絵本を読むときと同じように，子どもの集中力を妨げないような環境をつくる必要がある。周囲から大きな音が聞こえない，動きのあるものが子どもの目に入らない，落ち着いた採光など，子どもが注意を傾け，物語の世界に入りやすいように，園では保育室の環境を整えることが大切である。

（6）人 形 劇

1）人形劇の特徴

① **つもりの世界**　人形劇の登場人物は多くの場合「人形」であり，小道具や大道具も人形にふさわしい大きさ，形で作られる。観客は舞台上の人形や道具類を見て，本物ではないことを承知しながら，「本物のつもり」で劇を鑑賞する。幼い観客も，この「つもりの世界」を理解し，人形劇を楽しむ。象徴機能が成立し，見立て遊びができるようになった子どもは，遊びの中で砂場の砂を容器にすくって，実にいきいきと，真剣に「料理」をする。しかし，砂の入った器を「ごはんですよ」と手渡されても，食べるふりをするだけで，本当に砂を口に入れることはない。同じように，人形劇の鑑賞中，登場人物に対し真剣に言葉をかける子どもも，人形が本当に生きていると信じ込むわけではない。子どもは「つもりの世界」を理解し，現実とファンタジーをきちんと切り分けながら，物語の中に入り込んでいくのである。

② **動きの理解が物語になる**　大人も子どもも，人形劇の人形を「本当に生きている」と信じ込むわけではない。しかし人形劇を鑑賞するとき，劇中の人形はあたかも生きているかのように感じられる。それは人形が「しゃべるから」ではなく，「しゃべっているように見えるから」だ。棒立ちになった人形がセリフを言うと，かえって人形であることを強く意識させてしまうだろう。たとえセリフがなくても，人形がいま何をしているか，どこを見ているか，どのような調子で動いているかといった，一つひとつの動きの意味を読み解きながら，子どもは登場人物の意図や思いを理解する。演者の視点からみると，登場人物の意図や思いが読み取れるような動きをすることで，人形が生きているかのように感じさせることができる。人形の動作（何をしているか）は意思を，視線（どこを見ているか）は登場人物の意図の方向性を，様子（どのような調子で動いたか）は感情を表す。人形の動きの意味が積み重なり，人形劇における物語はかたちづくられるのである。

③ **「やりとり」が物語を展開させる，関係性のメディア**　人形劇においてもう一つ重要なのは，「やりとり」によって物語が展開されるという点だ。人形が動くだけでは人形劇とはいえない。物語の展開が必要である。人形劇では，人形と人形，両者の間で交わされるやりとりが，物語を展開させていく。登場人物が一人の場合は，"人形と物"とのやりとりがある。「おおきなかぶ」ではおじいさんがかぶを引っぱり，「三匹のこぶた」ではおおかみが藁の家を吹き飛ばす。人形劇の小道具は"物の人形"であり，かぶの人形や藁の

家の人形は，登場人物としての側面をもっているともいえる。演出によっては，やりとりの相手は，光や音，観客という場合もある。いずれにしても，人形劇ではやりとり，すなわち，働きかけることと応えること，この相互作用の繰り返しによって，物語が展開していくのである。

2）人形劇の鑑賞

「つもり」の世界がわかり，登場人物の動きや目線の意味をくみ取ることができ，劇中のやりとりから話の筋をつかめるようになると，子どもは人形劇の鑑賞を楽しむことができる。やさしい作品なら3歳頃から理解できるだろう。3歳未満の子どもにとっては，楽しみよりも，安心の経験であることが大切だ。歌や音楽に合わせて人形が動くと，3歳未満の子どもも興味を惹かれるようである。

鑑賞の主体である「観客」は人形劇にとって欠かせない。演者は人形を通して観客に働きかけ，観客はそれを受け止める。観客の反応は演者に伝わり，演技に影響を与える。よい劇によるよい反応は劇をよりよくし，その逆もあり得る。鑑賞中，子どもに静かにしていることを求める必要はない。笑ったり，声をあげたりしてよいのである。反対に，物語に入り込み，じっと目を凝らし，静まり返ることもあるだろう。これもよい反応として演者に伝わる。鑑賞中の気持ちをどのように表現するかは子どもに委ね，大人は子どもの心を萎縮させないようにしたい。劇を観ながら友だちと話をするのは，共感を求める幼児らしい姿である。話し声が大きくなると，周りの子どもに注意されるかもしれない。そのやりとりの中で，子どもの社会性は育つ。おしゃべりや笑うことに夢中になっていると，劇のセリフを聞き落としてしまうが，子どもは「しまった」と自分で気付くだろう。このようにして，人形劇をより楽しく観るすべを，子どもは自ら獲得していく。大人が厳しく指導する必要はない。大切なのは，観客として一緒に劇を楽しむことだ。

3）保育者が演じる人形劇と子どもの反応

保育者が人形劇を演じると，演者の姿が見えなくても登場人物の声を聞き分け，子どもたちが「○○先生だ！」と指摘する姿がみられる。大人からすると，このような発言はファンタジーの妨げになると思われるかもしれない。しかし子どもはもともと人形を動かす大人の存在を承知している。親しい保育者が人形劇を演じていることを発見して，うれしくて声をあげただけのことである。自分の発見を言葉で表現し，満足すれば，あとは自然に物語の中に入っていくことができる。子どもの発言を止める必要はない。

また，演じている最中，登場人物に一生懸命言葉をかける子どもがいると，人形を通して返事をするべきか迷う人も多いだろう。観客と生のやりとりができるのは，ライブならではのよさである。しかし，演じることに慣れていない保育者がアドリブで返事をした場合，その後の演技がしづらくなる可能性がある。返事がもらえるとわかると，他の子どもたちも一層大きな声で人形に言葉をかけるためだ。対応を考えるポイントは，人形劇とは「つもりの世界」で，「現実」ではないことを子どもはわかっているという点である。子どもが人形に投げかける言葉は，自分の考えや願いが思わず声になったもの，すなわち「内言」であると考えることができる。内言であれば，子どもは人形からの返事を期待して言葉をかけているわけではない。演

者は無理に返事をしなくても，「話しかけても人形は返事をしない」というルールを子どもは
すぐに理解し，そのつもりで劇に参加することができる。

　同じ作品を繰り返し鑑賞することは人形劇でも有効である。子どもは1回目の鑑賞では動き
のほうに気をとられるが，筋をつかみ2回目の鑑賞をすれば，動きだけでなくセリフにも注意
深く耳を傾け，物語や登場人物への理解を深めることができる。毎回異なる作品を用意するの
ではなく，何回でも同じ作品を上演することで，演者も観客も成長する機会になるだろう。

（7）劇 遊 び

1）劇遊びの特徴

　見立て遊びやごっこ遊びなど，劇遊びにつながる遊びの文化は子どもの生活の中にある。
ごっこは役をする子どもだけで遊びが成り立つのに対し，劇は「観客」を必要とする点が異な
る。劇遊びは，役になって表現する楽しさを味わうとともに，観てもらう喜びにまでつなげて
いきたい遊びである。

　5領域の視点からみると，劇遊びは「言葉」だけでなく「表現」や「人間関係」とも関わり
が深く，総合的な遊びが展開される。しかし発表会という園行事として位置付けられている
と，大人が用意したセリフを子どもに覚えさせ，練習させる指導になってしまいがちである。
この方法では，子どもは間違えないようにと萎縮してしまい，自分なりの言葉や動きで表現す
る劇遊びには発展しない。決められた脚本の中では友だちとの関わりも深まらない。では，子
どもの主体的な遊びとしての劇遊びを，保育者はどのように援助すればよいだろうか。

2）劇遊びの前に

① **物語にふれる**　　劇で遊ぶには，まず子どもの心の中に物語がなければならない。いろ
　いろな物語に親しむことと，一つの物語を繰り返し楽しむことを，バランスよく生活の中
　に取り入れたい。同じ作品に繰り返しふれることで，物語世界に対する子どもの理解や愛
　着は深まる。もし子どもが飽きるような様子があれば，その作品は今の子どもの興味・関
　心，発達段階に合っていないのだと判断できる。保育者は繰り返しの中で子どもの反応を
　とらえたい。物語に接する子どもの表情，姿勢，発言内容は，劇遊びのヒントになる。た
　だし，普段の物語体験の場において，見る姿勢を厳しく指導したり，いつでも静かに見る
　ことを求めたりしている場合，子どもの素直な姿勢や発言を把握することは難しくなる。
　年度初めの4月からの積み重ねが重要である。

② **ごっこ遊びと共有**　　子どもが繰り返し一つの物語にふれ，話のすじをつかみ，親しみ
　をもつと，遊びや会話の中に物語の断片がみられるようになる。大型遊具に登ったり，鬼
　ごっこをしたりといった，一見いつもと変わらない遊びの中に，物語中のセリフややりと
　りが取り入れられる。あるいは，絵や立体（砂，粘土，積み木，ブロックなど）の作品とい
　う形で表されることもある。完成した作品はもちろんのこと，作る過程や，作品を作った
　後の遊びの中でも物語が展開される。このような子どもの「ごっこ」の世界を発見した
　ら，保育者は積極的に興味を示し，同じ物語を共有する仲間として一緒に遊ぼう。そして
　その遊びを，クラスの仲間と共有する機会をつくるようにする。作品の展示や遊びの写真

の掲示といった環境の工夫，あるいは，「集まり」の時間に子ども自身が紹介する形もよいだろう。遊びという経験をもって元の物語に帰ったとき，イメージはさらに深まり，物語の言葉が子どもの中に育っていくのである。

　また，保育者からも物語に関連する遊びを提案し，保育に取り入れていく。直接は劇に結び付かない遊びでも，物語が子どもの心にしっかりと根をはっていれば，子ども自身がキーワードを拾い上げ，イメージを広げていく。大切なのは，保育者が物語の中で一緒に遊び，楽しむ姿勢をもつことである。

3）劇づくり

① **劇づくりと保育者の関わり**　　物語のイメージを共有しながら遊ぶ経験を十分重ねた上に，劇づくりがある。発表会に向けて劇にしていくときも，保育者が「劇にします」と宣言するのではなく，「劇にしてみたらどうかな」と提案し，子どもが主体となって「したい！」と決められるようにしたい。

　劇づくりでは，保育者がセリフを与えるのではなく，子どもの中に育っている言葉を引き出すようにする。3歳児クラスでは，物語の運び自体は，ナレーションの形で保育者がリードしつつも，「何て言う？」「どう動く？」と子どもに尋ね，アイデアを取り入れていく。子どもが覚えているお気に入りのフレーズや，生活になじんだ言葉のやりとりを中心に，物語の中で役になってセリフを言う楽しさを味わえるようにしよう。

　4歳児クラスでは，物語のすじを理解できるようになり，表現の幅もぐっと広がる。歌の力を借りることで，大人のナレーションがなくても物語を進めることができる。セリフや動きだけでなく，「何で表現する？」「どうやって表現する？」といった質問も有効だ。「うちわであおいで風を起こそう」と道具を使う提案や，「みんなで手をつないでお家にしよう」と，仲間と連携をとる提案，身体を使った表現の提案も出てくる。

　5歳児クラスでは，登場人物の心情にも着目できるよう導く。子どもが役の心情を表現するには，まずは言葉にすることだ。例えば，「悲しそうに歩く」という演技は幼児にとってまだ難しい。しかし，「悲しいな」とセリフを言うことで，子どもの姿は自然と悲しそうな歩き方になる。「どう思っているのかな」「どんな気持ちかな」と役の心情を尋ね，子どもの答えをセリフに取り入れる。心情を反映させたセリフは子どもの表情や動きに影響し，子どもの表現は演技になっていく。また，劇をつくるという視点から，音響（効果音）や，照明，舞台装置についても子どもたちで考えることができる。「雨の音がする楽器を作ろう」「電気を消して懐中電灯の雷を出そう」「ナレーションの人が座る台を置こう」。これらはいずれも5歳児クラスの子どもから出たアイデアである。

② **劇遊びにおける保育者の配慮**　　子どもの言葉や考えを，保育者が肯定的に受け止めることが重要だ。実現が難しいアイデアも，大人が却下するのではなく，まずは受け止め，試してみることで，子ども自身が「これは難しい。他の方法を考えよう」と気付けるようにしたい。

　4，5歳児クラスの子どもには，表現を引き出すための問いかけにすぐに答えが出なくても，保育者が言葉を先取りしないように気を付けなければならない。大人が「答え」をもっているとわかると，子どもは「正解」を探そうとし，間違えないようにと萎縮してし

まう。保育者がおおらかに子どもの言葉を聞く姿勢をもてば、クラスの仲間もそれに倣い、友だちの言葉に耳を傾けるようになる。仲間から肯定的に受け止められることで、子どもは自信をもって自分を表現できるようになる。大切なのは完成した劇作品そのものではなく、劇をつくる過程や劇の中で、子どもが伸び伸びと自分を発揮し、表現したという点であることを忘れてはならない。

2．保育教材の工夫と製作

（1）保育教材を作るときに大切なこと

　保育・幼児教育の場で、保育者が保育教材を製作するときに大切なことは何だろうか。それは子どもの興味・関心や発達段階に応じ、伝えたいことがきちんと子どもの心に届くような教材になるようにすることだ。見た目にばかり凝った手作りの教材は、かえって子どもにはわかりにくい情報になっているかもしれない。シンプルで、子どもにとって受け取りやすいものであることを優先しよう。パフォーマンスであれば、よく見えること、よく聞こえること、わかること。これが最低条件である。「受け取りやすさ」を優先するということは、本当に必要な情報は何か、子どもは何に心惹かれるのか、作品になくてはならない要素は何か、その本質を考えることでもある。

　以上のことを踏まえて、ここでは人形劇の人形を製作し、短い話を演じてみよう。

（2）人形の種類

　保育・幼児教育の場で人形劇に取り組むならば、作りやすく、動かすにも特別な技術を必要としない人形がよいだろう。種類としては、棒を付けて操る棒遣い人形、机の上に置いて演じるテーブル人形、または手にはめて動かす片手遣い人形がある（写真4-1）。棒遣いは作りやすいペープサート（紙人形劇）の形でよく演じられる。一人で複数の人形を演じる場合にはテーブル人形が適している。ペープーサートやテーブル人形劇は「状況を明確に伝える」という点で優れているが、1体の人形を動かすことで何かを表すのは少し難しい。一方、片手遣い人形は演者の手と人形が直接連動して動くため、行動やしぐさを動きによって表現しやすい人形であるといえる。

写真4-1　片手遣い人形

（3）片手遣い人形の作り方

　簡単に作る方法を紹介する。製作が得意で、もっとできるという人は、人形劇づくりの本を参考にしたり、自分なりに工夫したりしてみてほしい。

　　1）スポンジ（ウレタン）で作る人形

　スポンジを頭に、手袋を体にする。スポンジの底部分にハサミで切り込みを入れ、手袋をは

めた利き手の人差し指をその穴に入れる。これで人形の全身ができあがる。目はボタンやフェルトで作る。ボタンなら艶のある目に，フェルトなら好きな形の目にできる。卓球の白いピンポン球で目を作る方法もある。ピン球はカッターやハサミで簡単に切り取ることができる。好きな形にして，油性マジックで色を塗ろう。

スポンジの色を変え，ハサミで丸，三角，四角に切ってみよう。まるちゃん，さんかくちゃん，しかくちゃん。これだけの工夫でも，3人のキャラクターを作ることができる（写真4-2）。

立方体から，角を切り落としていくと，球になる。毛糸の髪の毛をつけると人に，耳や鼻のパーツをつけると動物になる（写真4-3）。髪の毛はポンポンを作る要領で，厚紙に毛糸を巻き付け，中央を括る。量が多いと難しいため，10～15回巻いた毛糸を貼ってみて，少なければ足すようにしよう。動物は正面と横顔の両方を確認しながら作ると，耳や目鼻をバランスよく配置できる。

写真4-2 まるちゃん，さんかくちゃん，しかくちゃん

写真4-3 動物人形

2）発泡スチロール球（素ボール）で作る人形 (写真4-4)

発泡スチロール球は手芸店などで手に入る。女性の手なら，直径70mmか，75mmのものが使いやすい。できれば発泡スチロール用の接着剤を用意しよう。発泡スチロールは柔らかい素材なので，底部分に少しずつハサミを刺し込み，指を入れる穴をあける（写真4-5）。穴があいたら手袋をはめた人差し指を入れ，手を下に向けて軽く振ってみよう。指が抜けたり，抜けそうな感じがあれば，その穴は少し大きすぎる。穴の内側に布を貼り，調整しよう。布は滑り止めの働きもする。目は前述したもの以外に，黒の太鼓鋲を刺してもいいだろう。落ちないように接着剤で固定しよう。

写真4-4 スチロール球人形

写真4-5 スチロール球に穴をあける

（4）人形の使い方

ここでは片手遣い人形を使うときの基本的な動作についてみてみよう。

1）人形の目線を意識する

人形を利き手にはめて，あなたと人形で向かい合う姿勢になろう。人形の顔を見て，次に目を合わせる。そのまま30秒間，見つめ合ってみよう（写真4-6）。

30秒の間に，どのようなことを感じただろうか。「かわいい」「自分が作った人形への愛着が湧いた」という人が多いのではないだろうか。なかには，「怖い」と感じた人もいるだろう。

「かわいい」も「怖い」も，実は同じ心の動きが根っこにある。人形と目を合わせている30秒の間，あなたは人形を見ていたが，同時に「人形に見られている」とも感じていたはずだ。かわいいと感じた人は，自分を見つめる人形から，自分に対する興味や親愛を感じたことだろう。かわいいとは単に見た目に対する所感ではなく，「親しみを感じる」という意味が込められた感想だといえる。他方，「怖い」と感じるのは，意思をもたないはずの人形が，まるで意思があるかのように存在感をもってあなたを見つめ返してくることに対する感想なのだろう。

このように，人形の視線を感じて心を動かすことを，乳幼児期の子どもも体験するということをまずは押さえておきたい。子どもは発達の早い段階から，他者の視線に意識を向け，その意味や意図を理解できるようになっていく。人形劇を鑑賞するときにも，人形の視線から登場人物の意図を読み取ろうとするのである。

写真4-6　人形の目線を意識する

2）目線を意識して人形を動かす

今度はペアを組んで人形を動かしてみよう。自分の人形をペアの相手に向け，目が合ったら「こんにちは」とあいさつをする。うまく目が合っただろうか。逆も試してみよう。相手が人形を動かすので，あなたは相手の人形と目を合わせようとしてほしい。目が合ったら，人形があいさつをする。先ほど自分の人形と見つめ合ったときのような愛しさは感じられただろうか。あいさつの直前，直後にしっかりと目が合っていれば，人形に対して親しみを覚えたことだろう。もしも，あいさつの前後で人形の視線が自分からずれていたり，目が泳いでいたりすれば，その態度をよそよそしく感じたり，仲よくできないと感じたりしたはずだ。じっと見つめ合ったときとは違い，人形が動き，あいさつという形で言葉を交わすと，怖いと感じる人はほとんどいないのではないだろうか。人形が，物としての人形ではなく，人形劇の人形に近づいたしるしだ。

最後にペアの人の人形と自分の人形を向かい合わせ，目が合うか試してみよう（写真4-7）。人形を使って他の誰かと目を合わせるのは意外と難しい。しかし目が合うのと合わないのとでは，見ている人の心の動きが全く違ってくる。人形がどこを見ているのかを意識し，

写真4-7　目線を意識して人形を動かす

2. 保育教材の工夫と製作　　*53*

はっきり示すことが必要だ。これは相手（人でも人形でも）と目を合わせるときだけでなく，
人形が物を見るときにも同じことがいえる。

3）舞台の上で歩く，走る

次は，舞台の上で人形を動かしてみよう。

舞台は衝立状になるものなら何でも代用できる。園にあるものならパーテーションやホワイ
トボード，可動式の鉄棒などに，紺や緑，黒の幕をかけると舞台になる。左右に大型積木を重
ね，間に物干し竿を渡して養生テープで固定し，布をかける方法もある。高さは150cm 以下
のものが適している。長机など幅があるものを舞台にする場合，床に座った子どもからは人形
が見えづらい可能性があるため，事前の確認が必要である。演者は立った状態だと動きやすい
が，低い舞台ではしゃがむ。いずれにしても，人形をまっすぐ立てられる姿勢で演じよう。

それでは，子どもがピアノの音に合わせて体を動かす姿をイメージして，音を口ずさみなが
らまずは歩いてみよう（表4-1）。

表4-1　音に合わせて体を動かす

歩　　　く	てくてくてくてく　てくてくてくてく
小　走　り	たったったったっ　たったったったっ
走　　　る	たたたたたたた　たたたたたたた
速　く　走　る	びゅ———ん
ス　キ　ッ　プ	らったらったらったら　らったらったらったら
は　い　は　い	よちよちよち　よちよちよち

（筆者作成）

次は動物になりきって動く子どもをイメージしよう（表4-2）。

表4-2　動物になりきって動く

ウ　サ　ギ	ぴょんぴょんぴょん　ぴょんぴょんぴょん
カンガルー	ぴょーんぴょーんぴょーん　ぴょーんぴょーんぴょーん
ヒ　ヨ　コ	ぴよぴよぴよ　ぴよぴよぴよ
ワ　　　ニ	ずりっずりっずりっ　ずりっずりっずりっ
カ　　　ニ	チョキチョキチョキ　チョキチョキチョキ
ク　　　マ	のっしのっしのっし　のっしのっしのっし
ヘ　　　ビ	にょろにょろにょろにょろ　にょろにょろにょろにょろ

（筆者作成）

実際にピアノなどで音をつけ，子どもが普段遊んでいる身体表現を組み合わせて人形を動か
せば，これだけでも十分作品にすることができる。子どもの身体表現と同じく，音に合わせて
動き，音が止まったら人形も止まる，また鳴ったら動き出す，静かな曲で横になって休む，最

後は観客に向かってお辞儀をして終わる…というふうにするとよい。
　子どもたちがよく知っている音楽でダンスをしたり，歌に合わせて体操をするというのもよいだろう。人形は1体でもできるが，数体の人形が一緒に動き，時々その中の1体が間違えたり，遅れたりしてもおもしろい。
　巧みに，なめらかに動かそうと過剰に意識する必要はない。自身をもって大きく動かそう。小さな人形が，たどたどしくもまじめに，一生懸命動く様子は，大人が見ても健気で好ましく，作品としても楽しいものになる。子どもは人形のことを，自分より年下の，小さな友だちだと思っている。自分たちが普段していることを，小さな人形が一生懸命真似する姿を，応援するような気持ちで見てくれるだろう。

（5）人形劇のつくり方
1）寸劇をつくってみよう
　初めて人形劇をつくるなら，紙にセリフを書いて脚本をつくるところからスタートすると，なかなかうまくいかない。言葉で組み立てた会話劇では，演じる際にセリフを言うことに気をとられて，人形の動きが少なくなってしまうからだ。ここでは4～6人のグループになり，セリフがなくても人形が動くことで見る人に伝わる，短い話をつくってみよう。

写真4-8　綱引き

　先ほど取り組んだ，音に合わせた表現遊びも，メインは人形の動きで構成されている。子どもの前で上演するときにも多くのセリフは必要ない。同じように，子どもにとって身近で，体の動きから状況が伝わるようなシーンを考えてみよう。遊びなら，「だるまさんが転んだ」や「かくれんぼ」，運動会なら「綱引き」（棒引き）（写真4-8）や「組体操」（写真4-9）。他の遊びや競技も考えてみよう。音楽や小道具の力を借りれば，サーカスやマジックもできる（写真4-10）。何もない舞台の上で物が消えたり現れたりするのは人形劇表現が得意とするところなので，マジックはいろいろな工夫ができそうだ。凝った小道具を作らなくても，人形劇は"つもりの世界"だ。まずは身近にあるものを利用して，舞台の上で動かしてみよう。
　複数の人形が登場するときの動かし方のコツは，はっきり動き，しっかり止まることだ。ま

写真4-9　組体操

写真4-10　綱渡り

た人形同士が近すぎたり，重なったりしないようにしよう。子どもにできる動きを中心に話をつくり，ところどころ，人形だからこそできる大胆な動きを取り入れるとおもしろい作品になる。

　話の流れが決まったら，舞台の上で人形を動かし，観客の目線から撮影してみよう。携帯端末などの動画撮影機能を利用するとよい。客席から見ると，意外と動きが小さく，どういうシーンなのかわかりにくい部分があることに気付くだろう。演技を客観的に見直すことは，よい作品をつくる上で欠かせない作業だ。

2）劇づくり

　絵本や昔話を元にしたストーリーのある人形劇をつくる場合は，まずおおまかな話のすじ（プロット）を決める。プロットができたら，舞台の上で実際に人形を動かしながらセリフを決めていこう。人形がない場合は，机を舞台に見立てて，紙を折って簡単な駒を用意し，動かしながら内容を考えよう。どこから登場して，誰と誰がどのようにやりとりするのか，小道具は何が必要か，どこへ捌けるのか，目で見て確かめながら整理していく。セリフが多くなると人形で演じることが難しくなるため，言葉は短く，少なくし，代わりに動きで伝えるようにする。ナレーションも極力使わないようにしよう。劇の最後は，観客が拍手をして終われるように，はっきりと「おしまい」を示そう。ストーリーに合った短い歌をつくり，歌って終わる方法もある。日本の昔話であれば，わらべうたの替え歌をつくると雰囲気によく合う。舞台の背景には余計な情報を足さないほうが，子どもは人形に集中することができる。前述した「かぶ」や「藁の家」(p.46参照)のように，"物の人形"として必要なものがあれば用意しよう。ストーリーがある人形劇でも，寸劇と同様，人形の目線に気を付け，動きで伝えることを意識すれば，魅力的な人形劇にすることができる。

(6) 子どもの遊びにつなげる

　人形劇を観た後は，子どもにも人形劇で遊びたいという気持ちが芽生える。子ども自らが扱える人形や舞台，小道具を「人形劇コーナー」として用意してみよう。スポンジと手袋で作った人形は，手の大きさが違っても扱いやすく，子どもが使うのに適している。舞台は子どもがもたれかかっても倒れないものにする必要がある。布をかけ，演者になる子どもが舞台の奥に隠れられるようにしておくと，人形劇遊びは盛り上がる。小道具は，箱や筒，紐，布など，動かしたり，見立てたりできるものがあれば遊びの幅が広がる。

　人形劇遊びをしている子どもに関わるときは，子ども自身にではなく，人形のほうに話しかけたり，働きかけたりしよう。子どもの「つもりの世界」を共有し，楽しむ姿勢が大切であ

る。保育者が演者となって一緒に遊ぶときには，寸劇で試したように，人形を通して動きのある遊びを提案するとよい。保育者が使う人形は，先生役，大人役にならないように気を付けたい。子どもは人形を「自分よりも小さい友だち」と見ているからこそ，安心して自分を表現できるのである。

　人形劇は「劇」であるために，保育者に「見て」と観客の役割を期待する子どももいる。子どもの表現を受け止め，満足感が得られるように関わろう。また，椅子を並べて客席を作れば観客になる子どもも出てくる。友だちに対して表現したり，友だちの表現を受け止めたりする場をつくることができる。保育者が観客としてのモデルを示すようにしよう。

　一方で，大人が見ようとすると，恥ずかしがって遊びをやめてしまう子どももいる。人形を通して自分の内面を表現するということは，非常にプライベートな世界をつくり出す。人に見せるための人形劇ではなく，人形を通して自分自身と向かい合う遊びとしても成立することを念頭に，保育者は子どもとの距離感に配慮する必要がある。

参考文献

・石山幸弘：紙芝居文化史，萌文書林，2008.
・いぬいたかし：子どもたちと芸術をめぐって，いかだ社，1972.
・川北典子編著：子どもの育ちを支える 児童文化，あいり出版，2015.
・川北典子・村川京子・松崎行代編著：子どもの生活と児童文化，創元社，2015.
・丹下　進：人形劇をつくる，大月書店，1996.
・中川正文著作撰編集委員会編：中川正文著作撰，ミネルヴァ書房，2014.
・中坪史典編著：児童文化がひらく豊かな保育実践，保育出版社，2009.
・松岡享子：お話とは 新装改訂版，東京子ども図書館，2009.

絵本のある保育環境

　絵本は，玩具とともに，乳幼児にとって最も身近な児童文化財であるといえる。保育の場においても，日々の保育に欠かせない教材であるが，しかし，どのようなかたちで活用しているかは，それぞれの園の保育の方針によって大きく異なる。例えば，絵本をどれだけそろえるか，誰がどのような基準で選択するか，そして，それらをどのように配架するのか，各保育室に並べるのか，絵本の部屋を一室設けるのか。これらは，すべて，その園が子どもにとっての絵本をどのようにとらえているのか，また，保育内容の中で，どのように絵本を扱おうと考えているのかによって左右される。

　京都府宇治市のひいらぎこども園では，絵本を子どもの心を育む保育教材であると考え，各保育室にそろえる絵本の選定への配慮をていねいに行ってきた。そして，園全体の取り組みとして，園舎新築の際に「通り道に絵本がある」環境を創り出すことを心がけ，1階から2階への階段と踊り場のスペースを広く取り，絵本を並べている。それによって，2階に保育室がある幼児が，各保育室への出入りの際に常に絵本を気にかけ，遊びの時間にその場で手に取ったり，保育室へ持っていったりしている。また，送り迎えのときに，保護者が立ち止まることも多い。

　2014（平成26）年4月からは，それらの絵本を家庭にも貸し出しており，迎えに来た保護者が子どもと相談しながら絵本を借りていく姿をしばしば目にするようになった。絵本を通して，保育者との会話が弾むこともある。いわゆる図書室のような閉鎖的な空間に片付けられた絵本ではなく，日常の生活の中で触れることのできる絵本の存在は，親子にとってより親しみのあるものととらえることができるだろう。

　また，大阪府の門真めぐみ幼稚園・めぐみ白鳥こども園では，各保育室に絵本棚を設置し，できるだけ多くの絵本を表紙を見せて並べるようにしている。子どもたちに読んでほしい保育者お薦めの絵本はもちろん，季節感を意識して絵本を選択すれば，壁面構成の役割も果たす。絵本を選ぶのは担任保育者であるが，担任保育者が選書に迷ったり苦心するときには，保育経験と絵本についての知識が豊富な保育者がアドバイスをする。それは，単なる絵本の選書という作業ではなく，豊かな保育の質を伝達していることにほかならない。

写真①　階段踊り場の絵本コーナー

　一方で，絵本を，保育内容の隙間を埋めるもの，つなぎの時間に使うものと考えている保育者も少なくない。絵と文章とで表された総合芸術である絵本を，子どもの言葉を育む大切な教材として保育内容の中に位置付けるためにも，多様なジャンルの作品を数多く，子どもの生活環境を彩るものとして配置しておきたいものである。

写真②　保育室の絵本棚

劇遊びのスケジュール

＊**生活発表会　劇遊びの事例**

　生活発表会では，子どもの園生活での成長を劇遊びを通して保護者や地域の人々，関係機関（保育所，幼稚園・こども園・小学校の教師など）に披露し，子どもの育ちを認め確認し合いながら，その後の連携に役立てている。

　保育者の中には，子どもの総合的な成長の発表である「劇遊び」に対して，どのように取り組めばよいか見通しが立てられず苦手意識をもつ人がいる。そこで，実際の5歳児の劇遊び「ピーターパン」の取り組みから発表会までの1か月（4週間）を週ごとに分け，計画を立てていく。計画を文章化していくことにより，劇遊びの進行状況や5領域に偏りがなく子どもの発達の保障がされているのかなど，保育の振り返りにつながるのである。また，劇遊びの内容は保育者が決めるのではなく，子どもの興味や関心などを考慮して，何冊かの絵本などの読み聞かせを行い反応を見極める。子どもと保育者が意見を出し合い，思いを共有しながら進めていくのである。子どものもつ力を信じ，保育者主導型にならないように心がけなければならない。

　そして，何よりも子どもが日常の生活で感じたり考えたりしたことを聞きとり，表現することが喜びにつながるようにしたいものである。身体や大道具，小道具などを使って想像の世界と現実の世界とを行き来しながら絵本やおはなし，物語などの登場人物になりきって，友だちや保育者とイメージを共有しながら劇遊びにまとめていくのである。しかし，まとめを急ぎすぎ同じ流れを繰り返していると，表現するワクワク感や楽しさが失われてしまう。子どもの心の高まりが発表会当日になるように見通しを立て，計画することが大切である。

実践例　劇遊びのスケジュール　*59*

５歳児の劇遊び　スケジュール表

ピーターパン	設定理由およびねらい：５歳児は，冒険物語が大好きで，ピーターパンの話にも興味を示した。ピーターパンが夢の島へ向かったり，フック船長と戦ったりする場面を中心に，言葉や身体を使って表現する楽しさを味わう。		
日　程	遊びの展開	環境構成 （効果的な演出など）	製　作 （壁面・大小道具作り）
第1週目	○絵本などの読み聞かせを行う ・子どもの反応をつかむ ○子どもの思いを話し合う ・多様な考えを認め合う ○場面の構成を考える ・何場面にするか	○子どもの興味・関心を知る ○イメージをふくらませるための絵本などを何種類か用意する ・『11ぴきのねことあほうどり』 ・『かいじゅうたちのいるところ』　など	 ○木，花などを作る ・素材選び（画用紙，包装紙など）
第2週目	○登場する人物になって遊ぶ ○自然事象などを身体表現する ・図鑑，DVDなどを視聴する ○友だちの表現を見る ・互いの気付きを話し合う ○役割を替わり合って楽しむ	○劇中で歌う歌を子どもと考える ○表現が映える音響を考える ○照明を考える ○劇遊びの絵本を保護者に回覧し，内容を共有する	○登場人物，動物などを作る ・素材選び（画用紙，オーロラシート，金銀紙など） ○製作物を使って壁面を構成する ・保育者と子どもが意見を出し合う
第3週目	○場面，場面を演じる ・場面をつなぎ合わせ，劇をまとめていく ○実際の表現についての気付きを話し合う ・思いを共有する	○子どもの絵や文字を活用し，プログラムを作成する ○脚本の修正を行う ・子どもの発する「言葉」や「つぶやき」を脚本に活かす	○効果的な大道具，小道具を作る ・子どもが扱いやすい大きさや個数を考える ・固定概念にとらわれず，子どもの発想を取り入れる（色彩，素材など）
第4週目	○リハーサルに参加する ・他の保育者や職員に見てもらい，見られることに慣れる ・役になりきり自信をもって表現する ・大道具・小道具を使いこなす ○発表会を楽しむ	○発表会当日，力が発揮しにくいと思われる子どもの保護者には練習を見ていただく ○劇遊びの展開（経過）や見どころを文章や写真などで掲示し保護者や関係者に発信する ○友だちと司会・進行を行う	○大道具・小道具の補修を行う ・道具の数を確認する ・道具の準備を友だちと協力しながら行い，大切に扱う

第5章 配慮を必要とする子どもへの支援

　子どもの発達を考えるとき，言葉は指標としてわかりやすい。実際，保護者や保育者からの相談内容の中で，言葉に関するものは圧倒的に多い。「発音がわかりにくい」「1歳を過ぎたのに意味のある言葉を話さない」「3歳になっても単語だけしか口にしない」「しゃべるけれどかみ合わない」といったものである。また，定期健診などで指摘されて，相談機関を訪ね歩くケースも多い。保育所や幼稚園などの集団生活の場では，他の子どもたちと比較しやすいため，言葉の遅れや課題が目立つ。

　言葉は多くの器官，機能の発達と共に育つため，課題が生じても，原因や"障害"特定の判断は難しい。診断名が付けられても決まった指導法があるわけでもない。本章では，言葉の遅れや課題について，特に保育者の立場から，どのようにとらえ指導していくべきか考えたい。

1. 配慮を必要とする子ども

（1）「配慮を必要とする」とは

　基本的に子どもの発達は一方向であり，道筋は変わらない。その中で一人ひとり遅かったり早かったり，ひずみなどが生じたりする。言葉の発達においても同様である。

　本来，「配慮」はどの子どもに対しても必要である。いわゆる"障害"などがあって特別に配慮する必要があるとされる子どももいるが，境界線はあいまいで，境界線近くに位置する子どももいる。明確な線引きをして対応するものではない。また同じ診断名でも状況はさまざまで，何が適切な配慮かはじめからわかるはずがない。偏見や先入観，あるいは不自然な構えはもちたくない。

　一般に保育者が一人の子どもを担当する場合，まずはその子どもと出会って，関係づくりをしながら徐々に親しくなり，保育の方向を探っていく。障害名や発達検査の結果から得られる客観的な知識を重視すると，真の子どもの姿を見失う。どうしても"○○障害があるAくん"ととらえて"○○障害にはこういった支援が必要"と考えがちになるが，"Aくん"をまるごと受け止め，Aくん主体で支援のあり方を考えたい。生活の中で具体的に何が困難で，今後どういった生きづらさが生じる可能性があるのか，今必要な配慮は何かを考慮する。一人ひとりの状況や発達を理解し，その特性に応じ子どもが主体的に活動できる環境を用意し，生きる力を育んでいく姿勢は"障害"などの有無に関わらない。

　本章の「配慮を必要とする」子どもは決して特別な存在ではなく，どの子どもに対しても多かれ少なかれ通じるという視点で臨んでほしい。一人ひとりを大切に考えて真剣に取り組めば，保育全体が向上する。このような考え方の参考として，ICF（国際生活機能分類）による"障害"の考え方と，インクルージョン（インクルーシブ教育・保育）の考え方を紹介する。

（2）ICF（国際生活機能分類）に学ぶ

　WHO（World Health Organization；世界保健機関）が示す「ICF（International Classification of Functioning, Disability and Health；国際生活機能分類）」から“障害”の考え方を読み取る。医学的に心身機能や構造の機能障害があっても，どれだけ活動が制限され，社会的な活動への参加が制約されるかは人的，物的対応によって異なり，別の課題である。当事者や環境の特性によっても“障害”の状況は変わる。例えば，脳性まひによって重い言語障害があると“障害児（者）”と見なされる。話し言葉が聞き取りにくく，同情的，差別的な目で見られ，生活の場さえ分けられることがある。しかし，そのままを周囲が受け止め，日常生活に大きな制限がないよう工夫され，地域社会で通園，通学，通勤できる環境が整い一般的な社会生活が保障されれば，“障害児（者）”という意識は不要となる。診断名の“障害”で分けるのではなく，周囲の受け止めと支援のあり方こそ大切であるとわかる。

　初めから“障害児（者）”という存在はない。人や社会と関わるときに生じるものが“障害”である。特に言葉に関する“障害”は言葉を交わす相手があって生じるものであり，その子ども（人）だけの課題ではない。その子どもが人や社会と関わる上で生じる困難に注目したい。だからこそ“特別な配慮が必要な子ども”として適切な支援を考えることが大切であり，本書ではそうした姿勢を基本としたい。

（3）インクルージョン（インクルーシブ教育・保育）に学ぶ

　日本でもようやくインクルージョン（インクルーシブ教育・保育）の考え方は広がりつつある。共生社会の形成に向けて，「障害者の権利に関する条約」（2006年国連総会採択，日本は2014年批准）に基づくインクルーシブ教育システムの理念は理想的である。しかし，日本の学校教育体制においては「同じ場で共に学ぶ」ことはまだまだ難しい。幼い頃から同じ場で「一人ひとり違って当たり前」と受け止め，「違うことを尊重し合う」経験こそ必要であり，保育の場においても本来は“障害”の有無などに関係なく，地域の子どもたちが共に同じ場で過ごすインクルーシブ保育が望まれる。“障害児”と，“健常児”を一緒に保育するインテグレーションではなく，“障害”があってもなくても（意識せず）一緒に保育する，その中で必要な配慮を行うインクルージョンの意識をもちたい。

（4）言葉の“障害”の判断

　言葉の“障害”の判断は難しい。基本的には，安易な一律的な判断，指導は控え，保育者ならではの立場として接していく。“障害”を意識せず，その子どもにどういった困難があるのかを把握し，全体の発達から考える。担任をもつと，ともすれば目標を年度末（長くても卒園）に置いて指導計画を立てる。それも大切なことであるが，その子どもの生涯を見通して考えたい。今，何を指導することがその子どもにとってよいのか，よくないのかを考えていきたい。

　極端なことをいえば，話し言葉に聞きづらいところがある子どもが，そのことを必要以上に指摘され言い直しを強いられることで，話すことに臆病になってしまうかもしれない。少々聞きづらくても自然に受け止められ伸び伸びと話せることで，平気で人との会話を楽しむ姿勢が

育つかもしれない。基本的な発達の目標に立ち返り，自分で考え自分で決めて行動できることが増え，その子どもらしく自分らしいペースで，より豊かな人生を送っていけるよう，今，行うべきことを考えたい。そのために長期的な見通しとスモールステップを組み合わせる。

　もちろん，専門機関と連携して医療的ケアを受けることが必要な子どももいる。また，幼児の言葉の "障害" は，単一の "障害" というより他の "障害" に伴っていたり重複していたり，全くの一過性の問題であることも少なくないため，一人ひとりとていねいに接して慎重に考えていくことが望まれる。そういった見方のヒントとして，コミュニケーション，言葉の仕組みを見直す。

2．言葉の仕組みと発達

　言葉の発達には，さまざまな器官や機能が関係する。保護者の相談では「言葉だけが問題なんです」という内容が多い。しかし，言葉が出ない，遅れている，目立つ，という課題は同じでも，どこに基本的な原因があるかによって，考え方，対応の仕方が大きく異なってくる。ここでは言葉が交わされるときの諸器官の仕組みについて学び，言葉の発達に課題が生じる原因を考える。

（1）コミュニケーションの成り立ち

　本来，言葉は教えるものではなく，子どもの中から主体的に育ってこそ，その役割を果たす。言葉の役割はいくつもあるが，コミュニケーションの手段としては相手と「関わりたい」という根っこの思いがなければ育たない。認知や思考，行動調整の手段としては「これは何だろう」「どうしてこうなるのだろう」「どうしよう」と周囲のものに気付き関心をもち，関わることから始まる。

　意図せずに表れることを表出，意図して表すことを表現とすれば，生後しばらくの乳児は表出のみである。例えば，おなかがすいて不快なために泣く。それを身近な大人が汲み取って関わることで，泣いて保護者を呼ぶといった意図した表現がみられるようになり，言葉が育つ。言葉を含めた表現の土台となるコミュニケーション全体の流れを図5-1に示す。

　子どもはまず，外発的または内発的な刺激（その子どもにとっての情報）をさまざまな感覚器官で受容する。「見える」「聞こえる」「痛い」「冷たい」「においがする」「味がする」，さらには「おもしろそう」「さびしい」「怖い」「楽しい」といったことである。感覚器官に困難があれば，刺激そのものが減ったり偏ったりする。次に受容した刺激を判断する処理を行うのであるが，刺激を伝達し認知することが困難であれば，その刺激が何であるかを判断する以前に流れが途絶える。受容・処理によって生じる身体的生理的な変化が表出・表現となるが，表出・表現に必要な器質的，機能的な部分に困難があれば十分に表せない。表出・表現にも段階があり，まずは自然な視線やまばたき，表情や発声，身体の動き，呼吸や筋緊張などに表れ，意図的に指さしや身振りで表すようになり，そして言葉や決まったサイン，絵カードなどで伝える。こういった流れを把握し，何が困難でどのように工夫することが次の発達につながり，よ

り主体的に生きることになるのかを考えたい。子どもを主体としたさまざまな関わりの中でこそ，生きた表出や表現が生まれる。

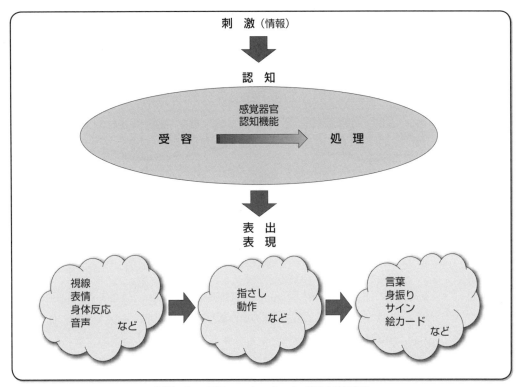

図5-1　コミュニケーションが生じる流れ

（筆者作成）

（2）言葉の仕組みと発達

　表現の主要な手段として言葉がある。AとBの2人が言葉を中心としたコミュニケーションを交わすときの流れについて，図5-2-①～⑥をたどりながら説明する。
　①　Aが話したいことを考えて言語音を組み立てる。(language)
　②　大脳の言語中枢が命じ，話したいことが運動神経を通じて発声器官に伝えられる。
　③　発声器官，構音器官により発せられた音が音波となり，Bの聴覚器官に届く。(speech)
　④　Bの聴覚器官に届いた音波が，感覚神経を通じて言語音として大脳に届く。
　⑤　Bが言語音の意味を認知し，内容を理解する。(language)
　⑥　AもBも発声，発語した音が自身の聴覚器官に届く。
　この一連のプロセスの中で，どの部分に困難が生じても言葉に課題が生じる可能性がある。さらにAとBの関わりの状況やそれぞれの関わる力も大きく影響し，そこに困難があれば，①～⑥の流れに困難がなくても会話がスムーズに進まないことがある。

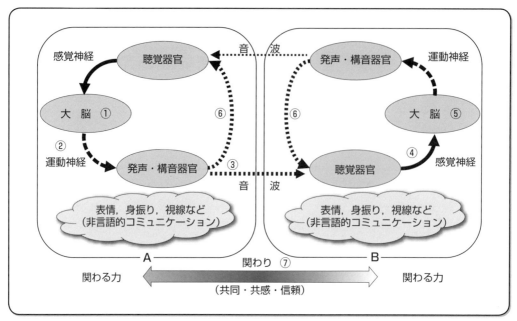

図5-2　AとBによる会話を中心としたやりとり

(筆者作成)

　一般には"言葉の障害"という場合，language（言語機能全体～認知，言語的・非言語的コミュニケーション／書字も含む）とspeech（languageの中の話し言葉のみ／図5-2-③）を区別しないことが多い。speechの困難を"言語障害"とする分類もあるのだが，幼児の言葉の困難を考える場合，speechのみならず，languageの困難の可能性，さらにcommunication（関わり／図5-2-⑦）の困難の可能性も合わせてみていきたい。languageの一手段にすぎないspeechが困難であるのか，例えば知的障害があるなどlanguage全体の困難であるのか，対人関係の困難であるのかによって課題の考え方も対応も随分異なってくる。具体的な事例をあげる。

(3) 言葉の発達が困難である事例

　図5-1，5-2からわかるように言葉の発達が困難である原因はさまざまで，同じ原因であったとしても状態像は一人ひとり異なる。幼児の言葉の困難は具体的な他の"障害"に伴っていたり重複していたり，環境因子や個人因子が絡んだり，一過性であることも多い。原因の分類の方法はさまざまに考えられるが，ここでは保育者が対応したときにわかりやすいよう，言葉の表出，受容，関わりの3つに分けてみていく。この3つが重なり合っていることも少なくないので，一人ひとりにどのような困難があるのかていねいにみていくことが望まれる。

1) 言葉の表出の困難：speech（発音や話し方）における課題

　話し言葉の表出が困難，すなわち言葉はもっていても発声，発音に困難がある場合をまず考えよう。

　文部科学省では「言語障害」を「発音が不明瞭であったり，話し言葉のリズムがスムースでなかったりするため，話し言葉によるコミュニケーションが円滑に進まない状況であること，

2. 言葉の仕組みと発達　　65

また，そのため本人が引け目を感じるなど社会生活上不都合な状態であること」とし，小・中学校の言語障害特別支援学級や言語障害通級指導教室の対象としている（知的障害や聴覚障害による場合は別とする）。つまり一般の聞き手が，話し方そのものに注意をひかれてしまい，社会生活に不都合が生じるおそれのある状態である。客観的な一定の尺度はなく，一般の人々の聞き取り方で"障害"の有無が決まる。話し言葉の課題は，単に話し手にあるものではなく，聞き手の反応や聞き手との関係が影響する。家族や身近な者には聞き取れることもある。話し手の心理的な課題などさまざまな要因が複合的に作用することもある。一人ひとりの程度や現れ方も異なるため，指導には十分な配慮が必要である。代表的な事例をあげる。

① **発音に困難が生じる場合**　　発声・発音には肺から口唇に至る諸器官が関わっており，特に発音するための器官（下顎・口唇・舌・軟口蓋）を構音（調音）器官という。これらに不都合が生じ特定の語音を習慣的に誤って発音して，聞き手の注意・関心が話の内容より言葉そのものに集中する状態を構音障害という。構音器官の形態や運動に起因する「器質的構音障害」と，器質的な原因が明らかではないのに発音の誤りが固定化する「機能的構音障害」とに区別される。脳性まひや聴覚障害，口蓋裂などによる発音の困難は器質的構音障害に含まれる。器質的構音障害の場合は音声や速度・アクセント・リズムなどにも課題が生じることがある。

　　構音障害には子音や母音が省略される「省略」〜ヒコーキ→コーキ（ヒの省略），イコーキ（hの省略）〜，特定の音が別の音と入れ替わる「置換」〜サカナ→タカナ，シャカナ，タカナ〜，日本語の音声にないような発音になる「ひずみ」〜ツミキ→トゥミキ・ヒュミキ・シュミキ〜，子音や母音が付加される「付加」〜ツミキ→ツミイキ（イの付加）〜などがある。

　　機能的構音障害において，通常の発達過程で観察される一過性の構音の誤り（幼児音など）は除外する。一般的な幼児の構音は5歳までに9割が確立するといわれ，4〜5歳以上で特に目立ったり本人が意識したりする場合は専門家による訓練が必要になることがあるが，保育場面での特別な扱いは必要ない。構音が誤っていても，自由に発話させることが大切である。

② **プロソディーに困難が生じる場合**　　発話における速度や抑揚，アクセント，リズム等の音楽的側面をプロソディーと呼び，それを聞き手が意識する状態である。発話が単調に聞こえたり，リズムが乱れたりすることをいう。

　　代表的なものが吃音で「ぼ・ぼ・ぼくね」（繰り返し），「ぼーくね」（引き伸ばし），「…ぼくね」（ブロック：詰まってしまう），その他，息継ぎが不自然になったり何度も言い直したりなど言葉の非流暢さに特徴がある。

　　通常の言葉の発達過程においても2歳から4歳頃にかけて，急速に高まる発話意欲に対し，発語のための運動能力や語彙数が伴わず吃音に類似した状態が現れる場合がある。幼児期に吃音と心配されるものの多くはこれにあたり，自然に消失することが多い。しかし周囲の対応によって，例えば注意して言い直しをさせたり，からかったりすることによって，症状が悪化し固定してしまうことがある。幼児期には原則として，注意や指示は可能

な限り控え，子どもが伸び伸びとリラックスして話せる雰囲気をつくることが何より大切である。たとえ症状が固定しても，吃音は自分で気になってストレスを感じたり話すことがいやになったりする場合に初めて"障害"となり，コミュニケーション全体の課題に発展していく。

他にも，音声が同年齢同性の子どもたちと比べて，特に「高すぎる」「低すぎる」「抑揚がない」「大きすぎる」「小さすぎる」「かすれる」「しわがれる」「鼻声になる」などの子どもたちがいるが，周囲の受け止めのあり方を意識して対応を考える。

さらに，「発語が遅れる」いわゆる"おくて"の子どももいる。発語以外の発達には課題がない。周囲に関心をもち，理解言語もあり，身振りなどで意思表示も行う。一般に，健診や相談機関で保護者が言葉の遅れを心配して相談するケースは，男児のほうが女児に比べ多いようだ。実際に何らかの困難があり特別な対応が必要な場合もあるが，単に発話が遅れているだけの子どもも多い。言葉の発達は個人差が非常に大きく，平均よりかなり遅れて発達する子どももいる。発語発話のみでなく，対人関係・理解力・聴力・構音器官・発声量などをみて，課題がなければ特にこだわらず，伸び伸びと接することこそ望まれる。3歳くらいから急速に発達する場合もある。

2）言葉の受容の困難：language（認知／そのための受容と処理）の課題

言語的・非言語的コミュニケーション全体において，書字も含み言語の全体的な発達が遅れ，言語発達遅滞と診断されることもある。その際，言葉の認知，理解面は遅れている場合とそうでない場合がある。また，伴っている主要な障害等がある場合と，言語環境が原因である場合があり，両者が重なる場合もある。代表的な事例をあげる。

① **知的障害に伴う言葉の遅れ**　　知的障害とは，さまざまな原因によって一般的な知的機能が明らかに低く，適応行動の問題もある状態である。おおむね18歳までに発現する場合をいう。言葉の学習は知的機能の働きに助けられて進むため，程度の差は大きいが，知的機能の発達が遅れることにより言語機能全体の発達が遅れ，言葉も遅れる。ダウン症候群など，特定の障害がある場合もあり，ない場合もある。

② **刺激受容の困難（聴覚障害等）に伴う言葉の遅れ**　　図5-1で示したように刺激の受容が困難であれば，認知そのものも難しくなり，表出・表現への流れが困難になる。例えば聴覚障害（聾・難聴）がある子どもは，音声刺激を受容することが難しい。言葉の学習は聴覚の働きに助けられて進むため，話し言葉の発達が遅れがちになり，言語機能全体の発達が遅れる可能性が高い。先天的な聴力損失の程度によっては発音・発語を学習することも困難となる。そのような場合，個人差に応じて適切な聴能訓練，発語訓練や，聴覚以外の受容器官を用いた言葉の学習が必要となる。

また，言葉の発達は「ひと」と「もの」との三項関係の中で促されるため，視覚障害がある場合，「見たものと音声を一致させる」ことが困難となり，視覚以外の感覚器官を用いた指導が必要となる。

他にも機能障害が原因と考えられるものとしては，言語野の損傷による言葉の困難，特異性言語発達遅滞等がある。

③　**環境による言葉の発達の遅れ**　　言葉は，信頼関係のある身近な大人との日常的なやり
とりの中で発達する。言葉の獲得期に言葉の刺激（言葉がけ）が極端に少ない場合や，言
葉の学習に不適切な環境（関わりの不足，過保護，過干渉，放任，虐待など）で育った場合
は，言葉の発達全体に大きく影響する。これは近年，増加傾向のある原因であり，環境の
改善により一過性となる場合もあるが，環境が改善されず状態が固定してしまう場合もあ
る。また，保育施設が多様化し，子どもが過ごす時間も長くなっている現在，保育者の責
任も重大である。

3）関わりの困難：communication の課題

①　**発達障害による困難**　　2004（平成16）年に発達障害者支援法が成立し，教育や福祉の
分野で「発達障害児」が定義されたが，この分野の定義や名称は世界的にも二転三転して
いる。自閉症スペクトラム，ADHD（Attention‐Deficit/Hyperactivity Disorder；注意欠陥／
多動性障害（注意欠如・多動症）），学習障害などが発達障害とされるが，"障害"の有無や診
断名も特定しづらく，重複も多い。共通点として感覚統合がうまくいかず，不可解な言動
につながりやすい。発達障害の場合は特に周囲の関わり方によって課題が軽減すること
も，逆に増加して二次障害につながることもある。また，これらの特徴的な行動が少なか
らずみられるが診断はされず，「気になる子ども」「ボーダーの子ども」などといわれる子
どももいる。発達障害は先天性であるが，環境によって状況は大きく変わる。特徴的な言
動で診断されるが，それらの言動も人によって 0 か100かで現れるのではなく，誰にでも
少なからずみられる。診断にこだわらず，一人ひとりの特徴と困難になっていることを受
け止め，適切な関わりを見極めていきたい。

例えば，自閉症スペクトラムでは社会性や想像力の発達に困難が生じるため，通常の言
葉の使い方がぎこちなくなり，人との関係そのものがとりづらい。学習障害（限局性学習
症）では特に就学後，子どもによって読字や書字に困難が生じるが，幼児期にも兆候がみ
られやすい。ADHD では集中力や衝動性の課題により，ゆっくりとした会話や関わりが
困難になることがある。また，発達障害のある子どもたちは全体に聞き取ることが困難で
あることも多い。しかし，幼児期における診断は軽度の知的障害も含めて難しく，治療法
もない。診断名にとらわれず，一人ひとりに現れた困難さへの対応を適切に考えていきた
い。

②　**情緒的要因による言葉の困難**　　器質的な原因は特に考えられず，対人関係や感情の問
題など心理的な原因によるものである。代表的なものとして緘黙があげられるが，教育分
野では特に場面緘黙症（選択性緘黙）のことをさし，幼児期には例えば家では話すが幼稚
園などでは話さないといった状況をいう。入園時や進級時などにみられる場合は一時的な
緊張によることが多く，言葉の問題としてではなく過ごしやすい環境，人間関係を整えて
いくことが大切である。

①で述べた発達障害がある，あるいはその傾向がある子どもたちは，身近な大人や集団生活
において不適切な関わりにより情緒的に不安定となり，症状が悪化することがある。

なお，言葉においては，同じ課題が異なる原因で生じることが多い。構音障害が自然に消失

68　第5章　配慮を必要とする子どもへの支援

する個人差の範囲内であったり，家庭での接し方が原因であったりする。2つ以上の原因があるのに1つの原因（例えば知的障害）にとらわれ，別の原因（例えば視覚障害や聴覚障害）が見落とされることもある。診断や指導に関しては慎重に対応していきたい。

3．支援において考えたいこと

　言葉の困難は，speech（話し言葉），language（言語全体），communication（コミュニケーション：人との関わり）のどれが中心であるのかを考える。その原因も状況も一人ひとり異なり，周囲の接し方によって大きく変わるため，特に慎重に対応していく必要がある。

　本節では，子どもの言葉における困難に対する支援において，保育者として全体的に配慮したい事項を考えていく。基本は困難の程度や“障害”の種類にこだわらず，安易に他の子どもと比べず，その子ども丸ごとを受け止めること，思いに共感し，できることをほめ，その子どもが困難なことに対して手立てを考えることである。これは言葉の課題に限らず，どの子どもにも共通することであり，保育の原点でもあろう。

（1）話したい思いの育ち①：信頼関係の確立「話したい人」

　筆者は基本的に“話したいことがあって，話したい人がいる”ことが何よりの生きたコミュニケーションが育つ環境と考える。まずは「話したい人」である。

　子どもは丸ごと守ってもらえ，一緒にいて安心な基本的信頼が確立した大人の存在があって，初めて人に興味をもち世界を広げていく。そしてその大人に「関わりたい」「話したい」と思うことが出発点となり，その大人とのやりとりを通して生きた言葉が育つ。保育者もまずはしっかりと信頼関係を築き，「関わりたい」と思える存在になることが求められる。

　子どもは，「伝えたい」「話したい」という思いがあれば全身で向かっていく。その思いを感じ取り，受け止めたい。言葉がなくても，言葉になっていなくても，すぐに意味がわからなくても，受け止めようとする真剣な思いは伝わる。子どもが「話してよかった」「嬉しかった」と思えることで，次の「また伝えたい」「話したい」につながる。語彙数の増加や，明瞭な発音を求めることよりも，まずコミュニケーションの土台になる信頼関係をしっかり育てていきたい。

　また，言葉が通じても，日々の忙しさから「ちょっと待ってね」「あとでね」，そういった一言で子どもの話したい思いを壊してしまってはいないだろうか。保育者にとって何気ない一言でも，思いがあふれた子どもにとっては保育者から拒絶されてしまったと感じ傷つくこともあるだろう。保育者があせって，使命感から独自の訓練をしようとして関係を損なってしまうこともある。無理に頑張らせたり，急かしたりすることも避けたい。

　さらに，子どもの発達に応じて「話したい人」の状況も確認したい。保育者だけでなく，保護者をはじめとする家族関係，友だち関係も言葉の発達に大きく影響する。

（2）話したい思いの育ち②：周囲への興味・関心「話したいこと」

　言葉を一方的に聞かせるだけでは，生きた言葉は育たない。「話したい人」の存在とともに，毎日の生活や遊びの中で心が動く経験をもち，「話したいこと」が生じてこそ，言葉は育つ。喜怒哀楽が湧く出来事，驚いたこと，不思議に思うこと，その子どもが興味や関心をもつもの，豊かな遊びなどと出会い，心が動き，身近な大人や友だちに伝えたいと思う。その思いがあれば，方法は少々拙くても，生きたコミュニケーションにつながっていく。

（3）言葉として育つための土壌

　言葉はさまざまな器官や機能の発達が絡み合って育つ。例えば，聴力をはじめ刺激を受け止める段階で，それが弱い子どもや，異なる形で受容する子どももいる。発声や構音はどの程度か，模倣能力や象徴機能，認知機能は育っているのか，理解言語があるのか，対人関係や，個々の興味や関心の育ちはどうか，ていねいに全体に目を向けたい。

　また，言葉の発達の道筋は，脳の三段階の仕組み（脳幹部・大脳辺縁系・大脳皮質）を考えるとわかりやすい[1]。直接言葉に関わる大脳皮質が働くためには，生活リズムを整えて適度な食事や運動などによる身体づくりをすることが脳幹の働きをよくすることにつながる。さらに，大脳辺縁系が司るのは，意欲が引き出されるような安定した心の育ちの保障である。周囲の大人と十分に関わり生活力が育っていくことで，生きた言葉が発達していく。

　一方，言葉が育つ環境として，日々の生活や遊びの中で子どもが主体となる場面を意識する。言葉に課題がある子どもは指示されることが多くなりがちで，主体となりにくい。保育者は意識して子どもの感情に寄り添い，子どもが興味・関心のあるものに心を留めて共感し，その時々の子どもの思いや保育者の思いを言葉にする。さらに，子どもの行動や声を真似て，言葉の意味を広げる工夫をする。これらは一般的な言葉の育ちに重要なことであるが，一人ひとりの困難さを踏まえて課題を意識し，スモールステップ（いきなり高い目標を掲げるのではなく，目標を細分化して進め，達成する体験を積み重ねる方法）で経験を積み上げる。

　個々の子どもに応じて適切な環境を用意することも心がけたい。例えば，刺激（情報）の処理が困難な子どもであれば音や映像が多過ぎると混乱してしまうため，刺激を少なくする。個々の状況や興味に合わせるためには，できるだけ一対一でていねいに関わる時間をもつようにしたい。

（4）トータルコミュニケーション

　言葉に課題があると，話し言葉そのものに保育者の意識が向きやすい。大人の普段のコミュニケーションは言葉が中心であるため，子どもが伝えてくることも言葉に注目しがちである。しかし課題の有無にかかわらず，子どもたちは言葉以外の表現方法を豊かに用いる。大人同士でも，言葉だけではなく会話の間を感じとり，相手の表情やしぐさや雰囲気なども意識してコミュニケーションをとっている。子ども同士では言葉に頼らなくても，通じ合うことが多い。

　毎日生活を共にし，子どもと深く関わりをもつ保育者だからこそ理解し合えることがある。保育者も，言葉以外の表出，表現も含め，さまざまなコミュニケーションの方法を織り混ぜて

70　第5章　配慮を必要とする子どもへの支援

関わりたい。表情，しぐさ，スキンシップなども含め広い意味でのコミュニケーションを基盤として言葉は育つ。

　例えば，耳から聞くだけでは理解が難しい子どもに対しては，個々の状況に応じて言葉と共に写真や絵などを用いることも有効である。視覚的な情報を用いることで見通しももちやすい。聴覚障害や知的障害のある子どもたちに「マカトン法」*1が使われることも多い。

（5）言葉そのものの育ち

　言葉の発達はわかりやすいため，早く改善しようと独自に指導しようとする保護者・保育者もいるが，かえって子どもの「話したい」意欲をそぎ，信頼関係さえ失ってしまいかねない。特に言葉が不明瞭であったり，吃音があったりすると「○○じゃなくて△△」「もう一度お話して」「○○と言ってごらん」といった対応をしがちだが，これでは話したい思いもなくなる。子どもの心の動きをしっかりと見つめ，何を言いたいのか，何に関心があるのかを受け止めたい。一般の幼児音や言葉の誤用に対するときと同じく，間違いを指摘したり言い直させたりすることは禁物である。コミュニケーションを楽しむことができる雰囲気をつくりたい。

　同時に周囲の大人は，汲み取った子どもの思いを正しい言葉・発音にして話しかけていくことを意識する。例えば，「オアナ　チエイ」などと，発音がわかりにくくても，前後の状況や表情などから理解できることも多い。「そうね，お花きれいね」と話しかけることで，子どもは保育者に受け止めてもらっているという信頼感が増し「また話そう」と思う。正しい発音を聞くことで構音の発達も期待できる。興味・関心をもっていることに言葉を添えてもらうことで言葉が発達する。

　なお，発声，発音の促進には，吹いて遊ぶ玩具*2なども有効である。

（6）専門機関との連携

　言葉の困難さにはさまざまな要因が絡んでいることが多く，専門家の指導が必要なこともある。しかしわが国には言語や発達の遅れに関する専門職（言語聴覚士／ST：speech therapist や児童精神科医など）が充実した病院や機関がまだまだ少なく，その指導内容もさまざまであり，地域によっては診断や訓練の場が整っていない。

　たとえ特定の“障害”があるとしても，乳幼児期には断定できないものも多い。知的障害が指摘されても，発達全体が少し遅れぎみであるだけの場合もある。一人の子どもが，異なる医師によって数種類の“障害”名を付けられた例もある。

＊1　1972年にイギリスのウォーカー（Walker. M.）らによって考案された，言語やコミュニケーションが困難な子どものための言語指導法のこと。手話法をルーツとするが，手話やベビーサインが言葉の代わりに用いられるものであるのに対して，マカトン法は言葉の獲得を目的とする。音声言語・動作によるサイン・線画シンボルの3つのコミュニケーション様式を同時に用いることを基本とする。世界約40か国で使用されており，日本では日本マカトン協会（任意団体）が，英国マカトン協会の支部として普及，研究の推進に当たる。
＊2　吹くことは構音を助ける。笛類やラッパ，シャボン玉，風車，古来からある「吹き戻し」など，子どもの状況に応じ長くゆっくり吹いたり，早く短く吹いたりできるよう工夫する。

言葉の課題への対処は生活の場が中心であり，それは主に家庭と保育の場である。しかし専門的立場からのアドバイスは大きなヒントにもなり，心強い。地域の相談機関などの現状を把握しておき，保護者に紹介したり保育者が相談したりできる体制をもっておきたい。

1歳半健診や3歳児健診の充実とその後の療育の場は整いつつある。ケースによっては相談や親子教室，並行通園，直接個別指導などを利用したい。保育者として大切なことは "障害" 名を特定しレッテルを貼ることではない。診断名の有無にかかわらず，特別な指導が必要な場合，医師・保健師・STと連絡をとり，本人にとってそれぞれとの関わりが矛盾せずに過ごせる適切な環境が与えられるよう協力し合いたい。

（7）広い視野・長い目

言葉に課題があると，大人はその子どもにある困難さの原因をすべて言葉にもっていきがちになる。また，今，適切に話せない状況にあることで，あせって目に見える成果を求めて指導しがちになる。

例えば，言葉に課題がある子どもが友だちをつくれずにいると，原因を言葉に求めがちになる。そのような場合，言葉以外で，親が他の子どもと接することを避けていた，あるいは甘やかしてわがままになってしまった，といった原因が考えられることもある。間接的には言葉の課題と関係はしていても，周囲の接し方によって改善できることである。

話し言葉に課題はありつつ友だちと楽しく過ごしていたのに，偏った言葉の指導を強いられ，話すことも人と接することも苦手になったケースもある。音声としての言葉のみを次々と覚えさせられ，口にする語彙は多くなっても，会話が成り立たないケースもある。さらに長い目で見ると，幼児期に同じような "障害" があっても家族や保育・教育機関の関わりの違いによって，成人したときにAさんは社会で生き生きと働き，Bさんは自宅に引きこもってしまったという実例はよくある。環境（関わり）次第で "障害" は "障害" ではなくなることを心したい。

「この人に話したい」「訴えたい」という関係があってこそ，そして「こんな楽しいことをしたよ」「おもしろい虫がいたよ」という体験があってこそ，生きた言葉は育っていく。目に見える成果を考えると遠回りかもしれないが，豊かな人間関係の中で，豊かな体験を積み重ねることこそ，課題の有無にかかわらず，豊かな人生，真の豊かな言葉の発達につながっていくと考えたい。

その他，一般的な言葉の指導と重複するが，重要な視点を付け加える。

① **言葉がけ**　"やりとり" を基本に豊かな言葉を適切にかけていきたい。特に言葉に課題がある子どもの場合 "よりわかりやすく" が求められる。具体的に，短く，明確に，ゆっくり，はっきり，間を取って，子どもの目を見て語りかけたい。保育集団の中で多くの子どもたちに話す形では聞き取りや理解が困難な子どももいる。

② **聴くこと**　現代は子どもも大人も「聴く」態度が育ちにくい。特に言葉に課題のある子どもに対しては，全身全霊で「聴く」姿勢が望まれる（一般的には「聞く」を使うが，相手に思いを寄せ積極的に「きく」という意味を強調して，あえて「聴く」を使う）。言葉に課題のある子どもの場合，より意識してお互いに聴く体勢を整えていきたい。聴くことは相手の

存在に気付き，思いやっていくことにもつながる。

③ **子ども同士の関わり**　言葉が十分に発達していない年齢の子どもたちをみていると，言葉を用いずに表情・身振り・手振り・行動などで思いを表現し合って関わっていることに気付く。保育者が「言葉を補わなければ」「間に入らなければ」と意識し過ぎると，子どもたちの関係が不自然になる。"障害"を必要以上に意識させてしまうことにもなりかねない。基本的には子ども同士のやりとりは，子どもたちに任せたい。保育者が悩んでいたことを，子どもたちがあっさり解決してくれることもある。

　ただ，言葉が十分に使えないことで生じるトラブルもあり，誤解がそのまま根付いてしまうこともある。言葉を使ったルールが遊びに入ってくるようになると，保育者が仲介することが不可欠になる場合もある。保育者は，トラブルを避けるためではなく，すれ違いや誤解を避け，より理解し合うために，子ども同士の関わりや流れをよくみて，必要なときに適切な援助することを心がけたい。

④ **保護者との連携**　子どもの言葉の課題を改善し"障害"を重度化させないために，保護者の養育態度は重要である。乳児期はもちろん，幼児期に至っても保育者にとって保護者を中心とする家族との連携は不可欠である。言葉の課題はわかりやすいため保護者が大きな心配を抱えていることも多い。保育者の保護者への支援として大切なことは，保護者自身の悩みや不安に寄り添うことである。

　昨今，逆に保育者が子どもの課題を先に案じることも多く，保護者が受け入れられない場合もある。さらに，保護者の養育態度が子どもの課題を引き起こしていると思われるケースもある。

　いずれにせよ，保育者は課題を一方的に指摘・指導するのではなく，保護者を援助する最も身近な存在として，その子どもの将来を見つめる同じ立場として，共に子どものために考えていく姿勢をとりたい。

引用文献
1）中川信子：発達障害とことばの相談，小学館，pp.76-82，2009.

参考文献
・日本発達障害連盟編：発達障害白書 2014年版，明石書店，2013.
・二階堂邦子編著：新 子どもの言葉，三晃書房，2010.

多文化共生時代における外国にルーツのある子どもへの支援

1. 日本における多文化化の現状

(1) 多文化共生保育とは

　最初に,「多文化」という言葉のとらえ方について考えてみよう。各々のとらえ方により,多文化共生保育が意味する内容は異なってくる。「多文化＝外国人」と狭くとらえた場合,「多文化共生保育」とは,国籍や民族が異なる「外国人の子ども」を中核とした保育をさすこととなる。一方,性別,年代,性的指向,宗教,民族,障害の有無などが違えば,互いの「文化」は異なる。このように,「多文化＝人々がもっているさまざまな違い」と広くとらえた場合,「多文化共生保育」とは,人々がもつさまざまな違いを視野にいれた保育をさすこととなる。本章では,「多文化共生保育」を民族や国籍などさまざまな違いを認め合い,多文化という状況を共に生きるための力を育む保育と定義するが,特に国籍や民族の違いに焦点をあて,歴史的背景,外国にルーツのある子どもの現状やどのような支援が必要かを学んでいく。

(2) 日本の多文化化の現状とは

　近年の国境を越えた人的移動の活性化は,一国内における多民族・多文化状況の生成を促し,これは世界的な現象となっている。日本においては,1989(平成元)年に,出入国管理及び難民認定法(入管法)が改正,1990(平成2)年に施行された。これにより,日系3世まで就労資格が認められるようになったため,ニューカマーと呼ばれる南米,とりわけブラジル人出身の外国人登録者数が増加したのである。2000(平成12)年1月に国連経済社会局は,日本は年間60万人(労働者とその家族を含む)の移民受け入れが必要であると発表した。日本社会は,グローバル化の進展に伴い多民族化し,1999(平成11)年度2月末の外国人登録者数が,155万6,133人で総人口の1.23％を占めるに至ったのである。これは20年間で約2倍増加したことになるという。

　一例をあげると,ニューカマーの数が多い県として上位にあげられる滋賀県では,2015(平成27)年度から2019(平成31)年度までの多文化共生推進の方向性を定める「滋賀県多文化共生推進プラン(改定版)」を策定した。その中で入管法以降の県の背景が説明されているが,滋賀県の外国人登録者数は,1990(平成2)年末では1万170人であったが,2008(平成20)年末には3万2,292人でピークとなったという。これらの外国人住民の多くは派遣や請負の雇用形態で,製造業などで就業し,地域経済を支え,地域社会にも貢献してきた経緯がある。しかしながら,2008(平成20)年秋以降の世界的な経済危機により,製造業の現場で就労していた多くの外国人住民が職を失い,日本語能力が不十分なことなどから再就職が難しく,生活困難な状況に置かれる人や帰国する人が増加し,2013(平成25)年末には2万4,712人と減少する傾

74　第6章　多文化共生時代における外国にルーツのある子どもへの支援

向を示した。このような状況の背景として，日本人住民と同様に，外国人住民に対し基礎的行政サービスを提供する基盤となる制度の必要性が高まり，また国際結婚による複数国籍世帯の増加により，2012（平成24）年7月から，外国人住民も住民基本台帳制度の適用対象となっていた。2015（平成27）年時点において，滋賀県商工観光労働部観光交流局は，アジア地域からの技能実習生や，留学生，さらに国際結婚による外国人配偶者などについて増加すると予想し，就労・生活する言語的・文化的に多様な外国人住民の滞在が以前にもまして長期化，定住化が進むと考えられていると指摘している。

　そして現在，日本における2018（平成30）年末の在留外国人数は，273万1,093人で，前年末に比べ16万9,245人（6.6％）増加となり，過去最高を示している。また，在留カードおよび特別永住者証明書上に表記された国籍・地域の数は195（無国籍を除く）であり，上位10か国・地域のうち，増加が顕著な国籍・地域としては，ベトナムが33万835人（26.1％増），ネパールが8万8,951人（11.1％増），インドネシアが5万6,346人（12.7％増）となっている。表6-1に，全体的な国籍別人口を示す。

表6-1　国籍別在留外国人数

国　籍	人　数	構成比	前年度からの増減率
中国	764,720	28.0％	＋4.6％
韓国	449,634	16.5％	－0.2％
ベトナム	330,835	12.1％	＋26.1％
フィリピン	271,865	9.9％	＋4.1％
ブラジル	201,865	7.4％	＋5.5％
ネパール	88,951	3.3％	＋11.1％
インドネシア	56,346	2.1％	＋12.7％

（総務省〈http://www.moj.go.jp/nyuukokukanri/kouhou/nyuukokukanri04_00081.html〉より作成）

　在留外国人数が最も多い都道府県は東京都の56万7,789人で全国の20.8％を占め，以下，愛知県，大阪府，神奈川県，埼玉県と続いている。前述した滋賀県における国籍別外国人人口数は，ブラジル（8,525人），中国・台湾（5,194人），韓国・朝鮮（4,553人），ベトナム（3,325人），その他の合計2万9,263人（前年度から2,730人増）であった。

　一方で上記のような状況から，家族と共に滞在するということで，労働者自身を取り巻く就労問題だけでなく，その子どもの生活に関しても多様な問題が浮き彫りになってきている。特に，小学校以上の子どもの不就学や不登校の問題が，外国人が多く集住する地域で表面化している[1]との危惧もある。2019（平成31）年4月1日に外国人労働者の受け入れを拡大する改正出入国管理法が施行された[*1]。人材不足が深刻な業種で就労を認める新たな在留資格「特定技能」を導入し，5年間で最大約34万5千人の受け入れを見込んでいる。また，運用の主体となる出入国在留管理庁も同日に発足している。つまり，在留管理と外国人の雇用や生活支援の両面を担う[2]というのだ。

2. 外国にルーツのある子どもの現状　　*75*

　この改正出入国管理法の施行により，保護者が働いている時間帯に子どもを受け入れている幼稚園，保育所，認定こども園において，今まで以上に困惑の声が増えるのではないかと懸念されるが，これまでと変わらないのは，その対応方法自体が自治体任せであるという点である。

　2017（平成29）年3月，総務省から「多文化共生事例集：多文化共生推進プランから10年，共に招く地域の未来」と題した事例集が出された。その中では，「従来の外国人支援の視点を超え，地域社会の構成員として社会参画を促し，外国人がもたらす多様性を活かす仕組み，そして国籍や民族等にかかわらず，誰もが活躍できる社会づくりが今後求められる」ことが強調されている。つまり，外国人住民が支援の受け手ではなく，支援の担い手，あるいは地域社会に貢献する存在となると期待しているのである。よって，将来を見据えて，外国にルーツのある就学前の子どもたちは今何を学ぶべきなのか，保育者の理解と指導法について現状を整理した上で考えていく。

2．外国にルーツのある子どもの現状

（1）差異の可視性：ニューカマーとオールドカマー

　一口に外国にルーツのある子どもといっても，民族や国籍，来日の経緯，在日期間によってその状況は多様である。在日外国人は「ニューカマー（new comer）」と呼ばれる人々と，「オールドカマー（old comer）」と呼ばれる人々の2つのグループとして考えられるが，来日の経緯や現状，抱えている課題などは大きく異なる。ニューカマーとは，主に1980年代以降に渡日した外国人をさし，民族や国籍も多様である。文化・言語・宗教などの点において，可視的な違い（目に見える違い）をもっている場合が多くみられる。また，オールドカマーは歴史的背景をもって日本に在住している旧植民地出身者（在日韓国・朝鮮人や台湾人）および，その子孫のことをさす。現在3・4・5世の時代を迎え，違いが可視的ではない（違いが見えにくい）場合が多くみられる。

　法務省によると，外国の子どもは年々増加傾向となり，0〜6歳の在留外国人は2017（平成29）年末時点で11万8,690人であり，5年前から3割増となっている（図6-1）。しかしながら，厚生労働省などによると，現時点で保育施設を利用する外国人の子どもの数の統計はなく，取り組みは自治体任せになりがちで，居住地域により保育内容に大きな差が出る可能性があるともいえる。

＊1　改正出入国管理法は，新たな外国人労働者の受け入れのため，新しい在留資格を創設した法律である。これまで外国人労働者は，「専門的・技術的分野」に限定するという建前であったが，それを崩し，熟練していない労働者を含め受け入れることにしたことが大きな特徴である。
　　新たに創設された在留資格は「特定技能1号」と「特定技能2号」であり，「特定技能1号」は「相当程度の知識または経験を要する」外国人労働者のための在留資格，「特定技能2号」は「熟練した技能を要する」外国人労働者のための在留資格である。「1号」は，14業種が対象で，在留資格の上限が通算5年であり，家族の帯同はできない。「2号」は，建設と造船・舶用工業の2業種のみが対象で，在留期間の上限はなく，家族帯同が認められており，外国人労働者の報酬額は日本人と同等以上であることが条件となっている。

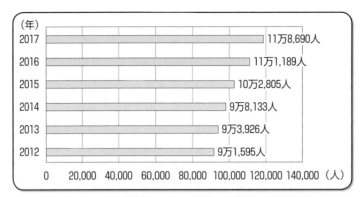

図6-1　在留外国人の0～6歳の子どもの数の推移
(朝日新聞:「増える外国人の子、保育現場困惑も」、2019年1月5日 より作成)

(2) 外国にルーツのある子どもの姿と保育の課題

ここでは、前述した差異の可視性に着目して、子どもの姿と保育の課題について考える。

1) 差異の可視性が高い園における課題とは

① **民族・文化・宗教の多様性に関わる子どもの姿や課題**
- 宗教上の理由による除去食などの対応が必要な園児がいるが、園の事情で対応できない場合がある。
- 食文化の違いにより、園の給食が口に合わず、食事がスムーズに進まない。
- 自分の民族的ルーツを意識しており、「積極的にみんなに伝えたい」と感じている外国人の子どもがいる。
- 日本人の子どもは外国籍の子どもがもっているさまざまな違いを認知しており、違いを当たり前のこととして受け入れている場合や必要に応じて援助している場合もあるが、否定的な反応をみせることもある。

② **言葉に関わる子どもの姿や課題**
- 日本語が理解できないため、園生活の中で不安そうな姿がある。
- 言葉で思いを伝え合えず、トラブルの際などは子ども同士がお互いの気持ちを理解することが難しい。
- 外国人の子ども同士で、保育者に聞かれたくない内容を母国語で話す。
- 家庭では母国語、園では日本語という使い分けを行っているが、どちらの言語も十分に獲得されていない。
- 子どもが日本語を覚え、母国語を忘れていくため、家庭内での親子のコミュニケーションが難しくなってくる。
- 日本語の習得が十分でないため、子どもが小学校に進学した後に授業についていけるかどうかが不安。

③ **遊びや生活における子どもの姿や課題**
- 遊びのルールや内容が理解できず、活動をスムーズに進めることが難しい。
- 日本語での指示が理解できないので、周囲にいる子どもの姿を見ながら生活の仕方を理

解して活動している。

・紙芝居や絵本などで，日本語での内容理解が難しいため，落ち着いて話を聞くことが難しかったり，低年齢向きの内容を見たがる。

・外国人の子どもは，言葉のやりとりなどを含まない，単純に体を動かして行うような遊びを好む傾向があり，ごっこ遊びなどにも参加しないなど遊びの偏りがみられる。

④ **仲間関係に関わる子どもの姿や課題**

・言語の違いなどにより，日本人と外国人の子ども同士のコミュニケーションが難しい。

・外国人の子どもだけが集まって遊ぶ傾向があり，友だち関係が広がらない。

２）差異の可視性が低い園の課題とは

① **将来の民族的アイデンティティをめぐる葛藤の可能性**

・将来，自分の民族を意識する年齢が来たとき，自分は何者であるのかという民族的アイデンティティをめぐる葛藤が起こる可能性がある。

（3）母語の重要性

外国にルーツのある子どもについて議論する際に中心となる話題の多くは「言葉」である。まず「母語」は何か，「母国語」は何かと，最初の問いとしてあげられるが，両者の意味を混同して使用されていることも多くみられる。「母語」とは生後数年間のうちに，話者が生活環境の中で自然に身に付けた第一言語であるとされたり，乳児の身辺で一番関わり合いが多かった人々から受け継いだ言語のことと定義される。また「母国語」とは，話者が国籍をもつ国で，「公用語」または「国語」とされている言語と定義される。そして，従来の保育現場の考え方は，3歳未満児の場合は，まだ言葉を習得している途中か，これから習得していくので，自然に日本の子どもと同じように覚えていくのが普通であり，3歳以上児や，すでに母国語を覚えてしまっている場合でも，周りの子どもや大人が日常生活の中で日本語を使っていれば生活に必要な言葉は覚えていく。また，言葉が話せなくてもジェスチャーやスキンシップで気持ちが通じることが多く，保育の中では言葉の問題は特別の場合を除いて何とかやっているというのが大半を占めているようである。

しかしながら，外国にルーツのある子どもたちに対して「自然に覚えるから」「何とかやっている」と放任し，系統だった言語教育をしないまま小学校に送り出すことには問題があるという事実が，時間の経過の中で明らかになってきた。幼児期には，他の子どもたちと不自由なく通じ合っていると思っていた外国にルーツのある子どもたちが，就学後，日本人の子どもとの言語能力上の落差が著しく，それが原因で学力面にも差が出るなど結果として不登校になるケースや，日本語学習を優先することで，母語の力が後退し自尊感情の喪失，自分の気持ちを伝えられずストレスが溜まり続けるなど，子どもの健やかな育ちに悪影響を与えるケースが明らかになってきた。これらのことを鑑み，乳幼児期に翻訳絵本を利用するなど，母語による読み聞かせや母語でのコミュニケーションの場を外部との連携で協働的に実施する必要がある。もちろん，家庭において翻訳絵本を通じてコミュニケーションの機会を増やすことにより，家庭との連携，家族の絆を強めるということにもつながる。

3．外国にルーツのある子どもの保育を考える

(1) 保育を考える際のポイント

では，具体的な取り組み内容はどのような視点から実施されるべきなのか。重要となるのは，子どもの姿と課題からねらいを踏まえた上で保育内容を考えること，特に何のためにこの取り組みが必要であるのかを意識することである。

1）差異の可視性が高い園での取り組み

園生活の方法（例えば，お集まりのときの座り方，給食の準備や食べ方など）を獲得し，生き生きとした園生活を実現するために，次のような取り組みが考えられる。

- 外国人の子どもが得意な活動を取り入れ，活動を保障する（事例6-1）。
- 言葉で伝わらない内容について，ボディーランゲージや実際の行為を見せることを通じて意思疎通を行う。
- 同じ活動や行為を何度も繰り返すことで，活動の方法や生活の方法を理解できるようにする。
- 長期的な見通しの中で，少しずつ，段階的に園生活に子どもが適応していけるよう支援する。

事例6-1　インド出身のAくん

インド出身のAくん（3歳）は，日本語がわからないため，友だちを押したり，大声を出すことが多く，なかなかクラスになじめなかった。しかし，音楽が流れると体を揺らし，笑顔が出るので，毎朝必ず体ほぐしの時間を取り入れるようにした（音楽に合わせて自由に身体を動かす）。

その結果，言葉は使わなくてもよい活動なので，Aくんも笑顔が出て，他児と一緒に笑う機会が増え，少しずつ遊ぶ友だちも増えてきた。

言語に関する取り組みは，外国人の子どもとのコミュニケーションのためにも，自分自身の民族的ルーツが大切にされていることを感じるためにも重要である。

- その子どもが理解できる言語を使用する。
- 外国人の保育者・通訳者・保護者などによる通訳や伝達を行う。
- 新しく入園してきた外国人の子どもの言語的サポートを，先に入園していた外国人幼児が行う。

宗教や文化の違いによって，生活習慣や行事参加におけるさまざまな配慮（行事や活動に参加できない，特定の食材を食べられない，などの代替措置）をお願いする例もみられる。また，人々がもつさまざまな違い（肌の色，髪の質，顔つき，言葉の違いなど）に子どもたちが出会ったとき

に，その違いを正確に知るための取り組みが求められる。保育者には，子どもたちに正確に違いを伝えるための方法や説明の内容が問われる。

　外国人の子どもの卒園後を支えるためには，小学校や地域との連携が重要となる。また連携の中で，実際に人的資源を活かしながら（例：外国語ができる中学校教員に通訳を依頼するなど）問題解決を行うことなども取り組まれている。

　　　・連携会議の中で，外国人の子どもの育ちについての引き継ぎなどを実施する。
　　　・地域や学校の人的資源を活かした支援体制を構築する。

2）差異の可視性が低い園での取り組み

　差異の可視性が低い園の場合，外国人の子どもが園の取り組みの中で初めて民族文化に出会うこともある。こうした民族文化にふれる取り組みを通して，一人ひとりの子どもが自分なりに民族に向き合えるようにするための土台をつくることが重要である。「自分たちの民族文化が園では大切にされていた」「園の友だちの中に，外国人の友だちがいた」という記憶を子どもたちの中に残すことが重要なのである。

3）共通した取り組み

　外国人の子どもとの関わりの中で，発達における課題があるのか，言語的なコミュニケーションが難しいだけなのか，という判断が難しいケースがある。そのため，発達における課題を有している可能性がある外国人の子どもを専門機関につなぐことや，育児担当制の導入などで，一人ひとりの子どもをていねいに保育する関係をつくることによって，発達を保障していくことが求められる。また，子どもたちが命の大切さに気付くきっかけとなる取り組みは，人権を大切にする気持ちの土台を形成し，共に生きることの実現へとつながる。

　　　・絵本や映画などを通じた戦争や平和教育に関わる取り組み
　　　・自分が生まれたときのことを知り，命の大切さに気付く取り組み　など

　また，民族文化を保育の中に取り入れることで，さまざまな文化がもっているよさに気付くこと，人々がもっている文化的な違いに出会うことも大切な取り組みとなる。

　　　・日常生活の中で子どもたちが違い（肌の色や言葉の違いなど）に気付いたタイミングに合わせて，その違いについての説明を行う。
　　　・民族文化を反映した舞踊・歌・食事・絵本などを取り入れる。絵本は通訳者などに依頼して日本語訳を入れる。
　　　・外国人の子どもの民族文化を反映した言語を取り入れる（あいさつ，家族への呼称を取り入れる。またクラスやグループの名称に民族の言語を取り入れる）。
　　　・保育者自身が子どもの母国語を習得し，子どもとやりとりを行えるようにする。
　　　・保育者が子どもの民族を反映したさまざまな文化的活動に取り組み，子どもや保護者に披露する。

　こうした取り組みの中で，「この言葉は○○ちゃんの国の言葉」とクラスにいる子どもたちと民族文化をつなげて理解できるように心がけることも必要である。

4. オーストラリアの保育実践：五感経験と造形表現による言語支援

　オーストラリアは，総人口の約90％以上をイギリスやアイルランド系移民の子孫が占め，その他ヨーロッパ各国，南北アメリカ，アジア，太平洋諸国，中近東から移住した人々，そして先住民族のアボリジニと，まさに多民族国家ならではの社会が形成されている。そうした生活においてさまざまな人たちとふれあい，多様な文化を受け入れながら，子どもたちの行動や「つぶやき」を見逃さない観察力および保育活動，特に「プロジェクトアプローチ」[3]と呼ばれる手法により考え，準備する際に必要な，柔軟な発想の大切さを保育者は認識している。ではその多様な人種で構成されたオーストラリアにおける保育園では，どのように保育実践がなされ，「プロジェクトアプローチ」を構築させているのか，そのプロセスと実際の事例を考察し，その中で乳幼児期の五感経験と造形芸術を日常の保育に取り入れていること，またなぜそのことが必要なのかについて説明する。

（1）多様性を尊重した保育環境

　オーストラリアの幼児教育制度は，1990年の就園補助金制度が改正されたことで大きく変化した。1994年には，すべての「ロングデイケアセンター（保育園）」に対し「Quality Improvement and Accreditation System（質の改善と認可制度）」が導入され，園児との関わり方，保護者との関わり方，子どもの発育段階に沿った保育の展開まで満たすべき基準が設けられ，国をあげて保育の改善に取り組みだした。

　日本と同様の形態ともいえるが，ここでの基準は保育者による週案や月案の作成に関してであり，その作成のための基本となるのは，保育者が子どもの活動の様子やつぶやきを記録した観察記録である。その記録をクラス担当者が分析し（職員間で話し合うこともある），次の保育活動（個別活動・集団活動）の展開および設定へとつなげていくのである。

　よって，日本のように年度末に次年度の年間カリキュラムを決めてしまうということはまずなく，行事という概念もほとんどない。質の改善と認可制度が導入されたことで，「個々の発達やさまざまな観察記録を通して保育活動および環境を設定しているか」「観察記録をもとに子どもの状況を保護者に説明しているか」「保護者を交えて（ファミリーインボルブメント）保育活動（個別活動，グループ活動を含む）を作成しているか」「多様な文化・宗教を考慮した食を提供しているか」「保育園は多様な文化背景をもつ保育者で構成されているか」といった観点から保育園における人的・物的環境に「多様性」への尊重が随所に込められていると同時に，「多言語で書かれた絵本やさまざまな人種や文化を表す人形やポスター，遊びなどを取り入れているか」「さまざまな教材や材料を使用し保育活動に生かしているか」といった観点も重視されている。

（2）ESLの幼児の事例とプロジェクトアプローチの実際

　以下に，オーストラリアにおける英語を母語としない幼児の事例，およびプロジェクトアプ

4. オーストラリアの保育実践：五感経験と造形表現による言語支援　*81*

ローチによる「プロジェクトワーク」活動の事例をあげる。

事例6−2　フランス国籍のA女児

　あるオーストラリアの保育園では英語を母語としない（English as a second language：ESL）13か国という多様な文化背景をもつ子どもたちが通園していた。なかでもフランス国籍の4歳児Bちゃんは年度途中に入園してきた。もちろん英語を話すことができないため，数か月間，言葉を発したり，笑ったりすることが一度もなかった。時に涙は流すが，周りの子どもたちの様子をじーっと見ているだけという日々が続いた。半年ほどたった頃，お迎えに来た母親に対し，Bちゃんは今までに見たことがない屈託のない笑顔で，その日に他の子どもたちが作った作品についてフランス語で一生懸命話をしていたのである。その姿はとても楽しそうで，周りの子どもたちも気になったのか，Bちゃんが母親に語りかける様子をちらちらと見ているようだった。

　次の日から，Bちゃんを取り巻く子どもたちが一人二人と増え，少しずつ一人で遊ぶようになった。それまで全く何もせず他の子どもたちの様子を眺めるばかりのBちゃんが，一人で一つの活動に集中し納得するまで取り組むようになったのである。そして徐々に他の子どもたちとの遊びに入り始めた頃，初めて数人の子どもたちと積み木コーナーで何かを作り始めた。自分たちの背より高くなるまで積み木をていねいにのせ，彼らは全員が納得し完成するまで積み木コーナーから離れなかった。自分で選び，友だちと協力して，納得のいくまで取り組んだ後のBちゃんの感動に満ちあふれた満足そうな顔。積み木による造形活動を通じて周りに受け入れられ，認められたとき，初めて，その子ども自身がもっている力を発揮することができ開花するのである。

事例6−3　プロジェクトアプローチによる「プロジェクトワーク」の活動

　ある夏の日，自由遊びの時間に一人の先生が何個かの氷の塊を両手に持って子どもたちのいる園庭に出てきた。子どもたちは「触りたい！　触りたい！」と言いながら駆け寄ってきた。しかし暑さのせいで，みるみる氷は溶け，先生の手のひらで跡形もなくなってしまい，それを見ていた子どもたちは「もっと！　もっと！」と先生にせがんだ。すると，先生は少し大きめの氷をお盆にのせ，子どもたちに見せながら，お盆ごと園庭に置いた。子どもたちははじめは触り続けていたが，しばらくするとさまざまに姿を変えて溶けていく氷の様子を触らずにじーっと観察していた。完全に溶け終わる頃には，子どもたちの目は丸々と輝いていた。すると先生は，急遽「ペイントコーナー」の横にCDラジカセを置き，水をイメージした音楽を流した。子どもたちは，優雅に絵の具と絵筆を使ってそれぞれの思いを音楽にのせて表現していた。また，それに続く読み聞かせの時間には，北極に住んでいる熊の絵本や，氷河の写真が載っている子ども用の百科事典を見せ，子どもた

ちと話し合った。

　そして次の日から，水をテーマとした「プロジェクトワーク」が開始されたのである。「サイエンスコーナー」では，水の中に棲む動物や魚のおもちゃが百科事典とともに並べられたり，子どもたちの記憶を呼び起こすために氷が水になる瞬間を数枚の写真にして並べておいた。「ままごとコーナー」では，肌の色が違う人形を水をはった水槽に入れ「お風呂ごっこ」。園庭では子どもたちのバケツに水を入れ，刷毛をもち「柵を塗ろう」という活動や，植物への「水やり」。また，大きな紙を何枚も広げ，水色でも濃淡の違うペイントを用意し，子どもたちが足にそのペイントをつけ，紙の上を歩く「フットプリント（foot prints）」を楽しむ活動を行った。園外保育（遠足）では水族館や近くの海に行き，次の日にまたその思い出を子どもたちと先生の間で語り，それぞれがそれぞれの思いを言葉と共に作品として仕上げたのである。常に五感に働かせ，大人と子どもの間でコミュニケーションがとられながら「プロジェクトワーク」が進んでいくのが，オーストラリアの保育の特徴である。

　事例6-2，6-3でとりあげた乳幼児期の造形芸術に関する活動は，決して「美」を追求するものではない。つまり，対象となるものを写実的に再現し「上手」「下手」という評価をするのではなく，子どもが豊かな人間形成をする上で「五感経験」を通して何を養うかという視点が重要である。多様な文化を背景にもつ子どもたちが多く存在するオーストラリアの保育園において，子どもたちが多様性を尊重することを基本とし，ものを見る目，感じる心，言葉を含んだ表現する力を育むためには，保育者の柔軟な感性や好奇心が大切な要素といえる。乳幼児期の多様性に富んだ豊かな五感経験が豊かな造形芸術の表現，言葉への興味へとつながっていく過程において，例えば事例6-2のように，英語を母語としない子どもたちと英語を母語とする子どもたちにとって「多文化共生」となり，違いを認め互いが変化し合う関係が深まる，換言すれば子どもたちへの成長に通じるのである。

引用文献

1）佐久間孝正：外国人の子どもの不就学—異文化に開かれた教育とは，勁草書房，2006，pp.61-100.
2）日本経済新聞：「外国人労働者受け入れ拡大，改正入管法施行　入管庁が発足」，https://www.nikkei.com/article/DGXMZO43163430R00C19A4EAF000/（2019年4月7日access）.
3）Judy Harris Helm, Lilian Gonshaw Kaz: "Young investigators: The Project Approach in Early Years". College, Columbia University, 2011, pp. 2-3.

参考文献

・法務省HP：http://www.moj.go.jp/nyuukokukanri/kouhou/nyuukokukanri04_00081.html
・卜田真一郎・平野知見：園の多文化化の状況をふまえた多文化共生保育の実践，エイコー印刷，2015.

第7章 小学校との接続

1. 話すこと

　小学校1年生の国語の教科書で評価基準としてあげられていることは，教科書の「絵から見つけたこと想像したことをみんなに話そうとしている」である。まず教科書の絵に関心をもち，話そうとする意欲が評価される。最初の単元で重要指導事項として，「絵を見て話したいことを見つけている」ということが評価基準で示されている[1), 2)]。

　幼児期の教育における「話す」は，国語としてではなく，感じたこと思ったことを他者に伝える道具，コミュニケーションに必要な技術ととらえることができる。就学前教育の「話す」は，乳児期から獲得してきた言葉を駆使して「他者に伝わるように話す」ことである。他者に話すことで，話し手自身の子どもが，自分で自分を知る道具としての言葉が存在することも忘れてはならない。

(1) 他者に伝わる話をするには
1) 話したくなる体験があること

　5歳児は，好奇心がいっぱいである。改まった場でなければ，とにかくよくおしゃべりをする。たわいもないことを友だちと，とめどもなくしゃべる。例えば，今見ていること。今感じたこと。今したいこと。今思いついたこと。

　一般的に，幼児は拡散的思考である。話題を意識していなければ，文脈は縦横無尽に飛躍しつつも会話を楽しむ。答えや結論を求めず話し合えば，大人も子どもと同じだろう。

　しかし，幼児教育の場では，5歳児に「次の月曜日は敬老の日です。敬老の日について知っている人，お話ししてください」とか，「今日の遊びについて，誰と遊んで何がおもしろかったかを話せる人，お話ししてください」と，クラスで共有したい話題が提示される。

　朝からクラスの友だちとサッカーをして遊んでいた子どもたちには，話したくなる共通体験が豊かにある（写真7-1）。

　遊びは他者から強制されるものではない。自由に遊んだときの子どもは，大好きな友だちと大好きな遊びに没頭したので，気持ちがとても高揚し，話したいことが体から湧いて出てくるのである。友だちの，「あのとき，ボール，すごく飛んで，ゴール越えてしまった」の発話に，「だから，パスパスって合図したよ」と応じて，会話がつながっていく。一緒に遊んでいた友だちも，そこで起こった出来事を付け加えていく。しかし，話し合い

写真7-1　サッカーで遊ぼう

が緊張感を感じる場では，気持ちを言葉にすることは難しい。

2）話したい相手がいること，喜んで聞いてくれる相手がいること

話したくなる体験があると，すべての子どもが誰にでも話をするかというと，そうではない。話したい相手がいること，喜んで聞いてくれる相手がいることが大切である。保育者がいつでも話を聞いてくれる。そのような状況の中で子どもは，思いをそのまま言葉にしようとしていくのである。

「先生あのね」「ねえねえ先生」で始まる子どもの言葉は，イメージであったり思いつきであったり，吐露であったり，さっきの出来事であったりする。その話の内容に合わせて，応じたり，聞くに徹したり，友だちや保護者につないだり，クラスに広げたりして，保育者は子どもの話したい相手として存在し続けるのである。

3）子ども同士は（言葉足らずでも）会話を楽しむ

子ども同士の会話を聞いていると，文脈，接続詞がうまく使えなくても子ども同士はわかり合えていることがわかる。大好きな友だちだからこそ，すべての思いを言葉にせずとも，わかり合えるようである。しかし，5歳児ともなると，仲のよい友だちだけではなく，クラスの全員に自分の意見や思いを伝える場面が多くなる。クラスのみんなに伝わる言葉で表現しようと，その考えに至った理由を，文脈を考えながら，要旨をまとめて話す必要が出てくる。「なぜかというと」「簡単に言うと」「つまり」などの言葉を使いながら，解説したり要約したりして話し始める。

（2）思いや考えを話す

1）今日の出来事，体験の共有

主体的対話的保育を展開している園の5歳児では，自分たちで展開している遊びについて話し合う時間をとることが多い。クラスで友だちと一緒に遊びを展開しようとすると，話し合う必要が生じるのである。

例えば，誰かの発想で，影で遊びだしたとする。友だちが「おばけみたい」とイメージした思いを言葉にすることで「おばけになって遊ぼう」の共通目的が生まれる（写真7-2）。思い思いにスクリーンに自分の姿を映し出

写真7-2　おばけになって遊ぼう

し，映る影をそれぞれ楽しんでいるが，シートの反対側から見ている友だちから，「○○ちゃん，魚みたい」と，映し出される影についての感想を伝えられる。

その日の学級の話し合いでは，おばけになって遊んだことの楽しさや，おばけを見ておもしろかったことなどが話題になる。保育者が，おばけになっている子どもに，「明日は続きするの？」と聞くことで，おばけになって遊んでいた子どもは「もっと遊びをおもしろくするにはどうしようか？」ということを一瞬で考える。また，「家にあるあの箱，おばけの頭にしよう」と遊びながら考えていたことを，言葉にして確認したりする。

話し合い活動は，おばけで遊ぶことも，おばけを見た話を聞くことも，友だちの考えた思い

を聞くこともすべてが，クラスとして体験の共有化となる。

2）想像したり予測したりして話す

　雨で外遊びができないある日，自分の自由画帳に恐竜を描いていた5歳児がいた。イメージしたことを次々に描き込んでいた。友だちは，その様子を見て知っていたし，時折「これ何」と聞いていたりもした。

　その日の学級での話し合いで，その子どもは「今から，今日描いた絵のお話をします。子どもの町に恐竜がやってきました。空を飛んでいます。火を吐いています」と自分のイメージした架空の世界を蕩々と物語った。身を乗り出して聞いていた友だちの一人が「ウミヘビの話もして」とリクエストすると，「恐竜はウミヘビに会いに海にやってきました。これがウミヘビで，いま，寝ています」と話を続ける。

　日常的に対話的に話し合い活動が進められている園の5歳児は，自分のイメージを語ることを楽しみ，語ることでさらに想像をふくらませ，物語を紡いでいくおもしろさも体感しているようである。

　ここで必要な環境は，友だちの想像や予測や思いの語りを，話し合いの場面だけでなく，クラスの友だちが知っていることにある。友だちを認め合う関係がクラスにあることが前提である。

3）考え合う

　4歳児のときは保育者の仲介が必要であった，友だち間の気持ちの行き違いも，5歳児では保育者の仲介ではなく友だちが仲介することが多くなる。それは，トラブルが保育者の目の届かないところで起こっているということでもあり，クラスの潜在カリキュラムが問われることでもある。そこで，その日の話し合い活動では，クラスで大切にしたい価値を考え合う必然性をつくることが必要となる。

　ある幼稚園では，5歳児クラスの学級テーマを考え合っている。「なかま」「いのち」「つながる」「大きくなるっていうこと」「きもち」など，その年の子どもたちとテーマを決める。1年を通して，折にふれそのテーマを学級の話し合いの軸にしていく。例えば，「なかま」をテーマにしたクラスの場合，進級当初の生活グループをつくる際に，「当番活動や，一緒に座るグループを決めたいのだけれど，どのようにしてそのなかまを決めましょうか」とクラスに問いかける。そこから「なかま」が子どもに意識され，「なかま」としての友だち関係を築いていこうとするクラスがつくられていく。グループ対抗戦のゲームをしたり，当番活動をしたり，給食をいつも一緒に食べたりする中でさまざまにわき起こってくる課題を「なかま」を軸に考えていくことで，共同・協同・協働を体感的に理解していく。つまり，対話的に深く考え合うことで，一人で考えるよりみんなで考えるとよい考えになる，一人で作業するよりみんなで作業すると効率も出来映えもよいなど，教育および保育において育みたい資質・能力が身に付いていくことになるのである。

（3）保育所，幼稚園等での体験を活かしながら展開される，小学１年生の「国語」

１）言葉にしたくなる仕掛けがいっぱい

市や学校が採択する教科書や，担任教師の指導スタイルにもよるが，一般的に小学１年生入学当初の国語は，文字が極力少なく，絵が大半を占める。文字のないページがある教科書もある。１年生担任教師は，子どもたちに「この絵を見て気付いたことや想像したことなどがある人は手をあげましょう」と発言を誘いかける。子どもは，絵からイメージしたことや読み取ったこと，何でも話してよいことがうれしくて，感じたことや考えたことを喜んで話そうとする。

しかし，現場の教師からは，ヒツジ・カラスノエンドウなど，教科書に描かれている絵の実物を見たことがない子どもの多さや，小学校に入る前の子どもたちの実体験のなさが異口同音に聞かれる。

話したくなる仕掛けがある教科書でも，実体験の乏しさから話せない状況をつくってしまうことがないよう，幼児期の暮らしをつくっていきたいものである。

２）みんなで学ぶ楽しさがある

小学校で大切にされていることとして，自分が思ったことは手をあげて伝えること，指名されてから話すルールがあること，がある。子どもにとっては，先生の指示を聞いてから話すということも新鮮で，小学校に入って勉強しているという気分になる。先生の読みを聞いて，みんなと声を合わせて暗唱することもうれしいことである。

幼児期の教育で，一人ひとりの思いを保育者がていねいに受け入れ，自分が大切にされることは友だちが大切にされることと同じであると体感してわかっている子どもたちは，友だちと一緒に学ぶ楽しさを喜べるのである。

３）絵を見て気付いたこと・感じたことを話す

小学１年生の国語の教科書に出てくる言葉には，体験していない遊びや，自然物，見たことがない動物が出てくることもある。それまでの生活体験の豊かさが，小学校生活で始まる国語の表現力につながっているといえる。子どもは自分の体験したこと・体感したことを基にして，感じたことを思考したり言葉に置き換えたりする。自由に絵を描いて，その描いた絵で友だちに話をする機会を重ねた子どもは，絵を読み取る力もついている。前のページと次のページの絵から，推測しておはなしをつくることができる力がついている。最初の絵に描かれていたものと最後の絵に描かれたものから，起承転結でおはなしができていることにも気付いていくのである。

しかし，幼児期の教育で，その先取りをして学習させる必要はない。しっかり感じ考えたことを言葉で伝えようとする気持ちを身に付けておくことが大切である。

2. 聞くこと

小学校１年生の国語の教科書の評価基準としてあげられている「聞く」ことは，話すことと聞くことを同時に指導するように記述されている。話すことは，同時に他者の話を聞くことと

とらえられている。幼児期の教育の中で，話し合うことを大切にすると述べたが，話し合うとは，話すと同時に他者の話を聞き自分の体に取り込む，つまり，自分だったらと考えて聞きとることである。

（1）先生や友だちの話を聞く
1）相手の気持ちになって聞く

子どもが，「先生の話を聞くと，必ず自分に役立つことがある」と感じていれば，先生の話をよく聞く。幼児期の子どもが，「自由感のある保育」「幼児主体の保育」を受けてきたからこそ，自分を大切にすることと他者を大切にすることは同じだと体でわかっているのである。つまり，相手の気持ちになって聞くこと，考えることが幼児期には身に付いていなければならない。

言葉足らずの友だちの気持ちがわかる子どもだからこそ，相手の気持ちになって聞くことができるのである。さらに5歳児は，幼児の思考の特徴の一つであるアニミズムから抜けだし，自分とは異なる他者の意見や考えを自分に取り込み，考えをふくらませていく時期である。

他者の気持ちを，自分だったらと置き換えて聞くことが，5歳児には可能なのである。

2）「なぜ？」の気持ちで聞く

他者の気持ちと，自分の気持ちに乖離があることに気付くのは自我の確立の頃である。その後，集団生活の中で，友だちと自分の気持ちや考えが違っているからこそ，わかり合う，譲り合う必要があることに直面する。例えば，気持ちの行き違いが起こったとき，当事者同士は，自分の気持ちを客観的にメタ認知することが難しくても，第三者として関わるときは，友だちの気持ちを客観的論理的に考えようとする力がついている。当事者に「なぜこの状況が起きたの？」と双方の気持ちを聞き，仲介できるのである。もちろん，当事者は仲介されても自分の気持ちが収まらないときはあるが，一応相手の気持ちはわかるのである。

しかしそれは，5歳児までの集団生活の中で，保育者が個々の子どもの気持ちを十分に聞き，子どもがわかってもらっている，聞いてもらっている実感をもっていることが必要であることはいうまでもない。子どもは，保育者をモデルにして，友だちの気持ちを聞こうとするのである。

（2）豊かな「言葉」を聞く
1）イメージする力は語彙力

幼児期の終わりまでに育ってほしい10の姿の一つに「言葉による伝え合い」がある。豊かな言葉は日常の生活の中にもあふれてはいるが，子ども期にふさわしい絵本や物語などには豊かな言葉が紡がれている。豊かな言葉に触れて暮らすと，イメージする力も表現する力も思考する力でもある語彙力が着実に育つのである。

例えば，「こいのぼり」[3]の歌詞で考えてみよう。

　　やねよりたかい　こいのぼり　おおきいまごいは　おとうさん

　　ちいさいひごいは　こどもたち　おもしろそうにおよいでる　（下線は筆者による）

保育所や幼稚園等では，5月5日のこどもの日を前に，4月中旬にはこいのぼりを揚げることが多い。そして，子どもたちと，「こいのぼり」を歌う。園で揚げるこいのぼりは大きく，揚げると歌詞通り屋根より高くなる。一般的には，黒くて大きいこいのぼりと，大きくてたくましいお父さんのイメージを重ね合わせて，「大きい真鯉はお父さん」を理解する。次に大きい，赤い鯉はお母さん，小さい青い鯉を子どもの鯉と理解している（緋色は赤色なので歌詞とは矛盾している。保育者は，子どもたちにどのように伝えるのだろう）。

それはさておき，下線部分の「おもしろそうにおよいでる」の部分は，実際にこいのぼりが風をはらんで空をおよいでいる姿から「家族一緒におよいで，楽しそうだ。体を絡ませたりぶつけ合ったりしておよいでいる。遊んでいるみたいだ」と子どもはイメージするのである。

また，絵本は，昔話や創作絵本，物語絵本など，想像の翼を広げていける，豊かなイメージを子どもの体の中につくり出す力をもっているのである。

2）体験と結び付けて聞く

子どもは，大人から絵本を読んでもらうとき，言葉のリズムや，その人の息づかいを体にしみこませていく。と同時に，自分の体験と結び付けて聞いてもいる。

5歳児に『ともだち』[4)]を読むと，読み進めていけばいくほど，「確かにそうだ」の顔をして聞いている。体験と結び付けて深く理解していることがわかる。しかし，『しろいうさぎとくろいうさぎ』[5)]を読むと，わかっていないような，わかったような顔をする。3月の卒園の頃に再度読むと，しっかり心情を理解して聞いていることがわかる。

歌も絵本も，歌詞や言葉が理解できそうな日常の豊かな体験を基盤に，保育者が子どもの状況を見通し，保育に取り入れていく。子どもの豊かな言葉を紡いでいけるよう，イメージをふくらませていけるよう，身近な児童文化財として，保育者は周到に準備していきたいものである。

（3）話し言葉と，おはなしの言葉
1）大切にしたい地元言葉

日本には口伝（くでん）で伝わってきた「昔話」がある。それらは，その地方ならではの言葉が生き生きと語り継がれている。標準語は便利ではあるが，子どもが幼い頃から獲得してきた母語とは異なり，なんだかよそよそしい言葉でもある。

小学校では，日本の言語として，国語を学習する。言葉の獲得ではなく，正しい国語としての言語を習うのである。

小学校に入るまでの時点で大切にしたいものは，自分の気持ちをまっすぐに表現できる母語としての地元言葉である。もちろん，5歳児は地元言葉から標準語としての言葉に移行する時期であるため，保育者はパブリックとプライベートを使い分けた言葉を遣う必要がある。

子どもと一緒に鬼ごっこをしているときは地元言葉でしゃべり，そのとき起こった出来事をクラスの子どもと共有するときは標準語で語る。この，言葉遣いを使い分けていくことで，子どもたちは，公の場所で遣う言葉と，私的に遣う言葉を使い分けていくことを体験的に理解するのである。そのような体験が，小学校に入り，パブリック場面で語る言葉として体の中で構

築されていくのである。

2）ていねいな言葉，改まった場にふさわしい言葉

パブリックな場では，改まった場にふさわしいていねいな言葉を遣う必要がある。友だちと遊んでいるときとは異なる言葉遣いを，子どもたちはクラスの話し合い活動の場で身に付けていく。その場にふさわしい言葉遣いができるよう，保育者が言葉を使い分けているので，自ずと子どもたちが身に付けていくのである。そこには，指導計画（日案・週案・月案）には記述されない保育者の意図（潜在カリキュラム）があることを忘れてはならない。

ままごとで遣う言葉は，なぜか標準語であることが多い。日常の自分とは異なる他者として言葉を遣うときは，標準語になるのである。5歳児ともなると，客観的に自分を俯瞰し，他者に受け入れられやすい言葉，他者に伝わる言葉，改まった言葉で話すことができるようになるのである。このような育ちから，クラス活動でみんなの前で意見を述べるときは，日常の自分ではなく改まった別の自分として言葉を発しているのである。

3．読み書き

5歳児のクラスでは，絵本の付録などに付いている「あいうえお表」を，保育室のどこかに貼っていることが多い（写真7-3）。5歳児になるとほとんどの子どもが，自分の名前を拾い読みすることができる。

しかし，本当に音節分解，音韻抽出ができているかを把握するのは難しい。例えば，自分の名前を一つのかたまりとして形で覚えている場合がある。そのかたまりとして認識している自分の名前を，自分で書くこと，つまり音節に分解して書くことによって「あかい」の「あ」は，「あり」の「あ」，「あかい」の「か」は「かめら」の「か」と「あかい」を音節で分解して理解するのである。音節分解を促す遊びとしては，しりとりなどがある。

写真7-3　あいうえお表

(1) 絵を読み，文字を読む

1) 絵本の絵を読む

音節分解や音韻抽出といった，可視化評価できることに特化した保育をすることは，危ないことである。まず，幼児期に大切にしたいことは，同じ絵本を何度も「読んでもらう」ことである。何度も読んでもらうことで，自分でその本を「諳んじて読む」ことができるようになる。実際に読んでいるのではないが，文字の並びを丸ごとニュアンスで受けとり，読むのである。そのように，まるで「読んでいる」ように読み続けることによって，5歳児後半頃には，一文字一文字をわかって読むことにつながっていく。

2）諳んじて読む

「諳んじて読む」ができるようになる事例としては，谷川俊太郎の『これはのみのぴこ』[6] や工藤直子の『のはらうた』[7] などがある。何度も読んでいるうちに，子どもは諳んじてしまう。諳んじてしまったその詩を，クラスの子どもたちと唱和し合うと，クラスの一体感が生まれる。保育者は，その諳んじてしまった詩を，子どもが見ている前で，板書していく。すると子どもは，一文字一文字をていねいに拾い読みしながら，気持ちを込めてその詩を諳んじていく。

また，お正月遊びとして行う遊びに「かるたとり」がある。最初は保育者が読み札を読むが，そのうち，自由な遊び時間に，かるたとりが始まる。諳んじている読み札もあれば，一文字一文字拾い読みする札もある。

このように絵や文字と出会い，文字が表す「言葉」が意味をもっていること，一文字ずつのかたまりで意味のある「言葉」になることを体がわかっていくのである。

（2）文字を書く必要感

1）自分の名前が書けるうれしさ

5歳児では文字を書く必要感がもてるような状況を，保育者はつくるように心がける。例えば，七夕の願い事を書く短冊である。子どもは，わからない文字や知らない文字でも，「あいうえお表」や友だちの名札から同じひらがなを見つけ，一文字一文字書いていく。鏡文字になったり，ミミズ文字になったりもするが，自分で書きたいという願いと必要感をもって書くのである。

七夕までに5歳児には自分の名前を書くシチュエーションがつくられている。自由に描いた絵を壁面に貼りたいと保育者に伝えると，「名前，書いておいてね」と言われる。名札を外して絵の上に置き，真似て書く。初めて自分で自分の名前を書き，保育室に貼り，大満足をする。その大満足が，次の文字を書きたいという必要感を生むのである。

2）手紙を書く

5歳児にとって，手紙を書きたい相手はたくさんいる。例えば，お父さんやお母さんに，担任の先生に，実習生に，友だちに，おばあちゃんに，サンタクロースさんに，である。

担任の先生に「すきだよ」と手紙を書くと，先生からは必ず返事がある。そのうれしさから，また先生に手紙を書こうと子どもは思うのである。実習生に「あそんでくれてありがとう」と手紙を書いて渡すと，実習生からも一緒に活動して楽しかったことやうれしかったことを書いた手紙がもらえる。

心の声を伝える手段として文字があり，手紙があることを体感すると，その喜びから誰かに伝えたい気持ちをもって手紙を書くことができるのである。その文字は解読不能の場合もあるが，書きたいと思う必要感をもつことが幼児期には必要なのである。

(3) 読みたい・書きたいと思うこと
1) 読みたくなる環境構成

　読みたい・書きたい環境をつくることも保育者の仕事である。新奇なものに興味や関心をもつ子どもの特性から，初めて見るもの，少し複雑なものが保育室の壁面に貼ってあると，近寄ってくる。拾い読みできる子どもは「おはなし迷路」が貼ってあれば，一文字ずつ声に出して読む。写真7-4のおはなし迷路は白雪姫である。スタートからまっすぐ下に読み始めると，「あるくのはけんこうにいいです」で行き止まりになる。その行き止まりになったおはなしは，白雪姫の話ではない。5歳児にはそれがおもしろいのである。一緒に読んでいた友だちが，「めいろだから，ここでまがるといいんだよ」と気付く。そうやって，何度も行きつ戻りつしながらも，読み進めていく楽しさを体感する。知っているストーリーだからおもしろい。知っているストーリーと違うから読む楽しさがある。

写真7-4　おはなし迷路

2) 伝えたい情報がある

　遊びを進める中で，どうしても文字で知らせる必要が出てくる場合がある。保育室でおばけ屋敷を始めた5歳児は，準備中は「だめ・かぎがあいていません×きけん」と段ボールに書き，テラスに出し，情報を友だちに知らせる（写真7-5）。

　おばけ屋敷を始めると，「おばけやしきは　あいていますよ　ぜひ　きてください」と知らせる（写真7-6）。しかし，その文字は，正しく書いているわけではない。情報としては，この看板だけでなく，「おばけの絵が描いてあるときは，おばけ屋敷を開けています」などの呼び込みの言葉などでも知らせている。

　文字で伝えたい気持ちがあり，文字で伝える方法を知っていることも喜びであるのである。

　この看板を見て，情報を得ておばけ屋敷に人が来る楽しさもあるが，情報を文字で知らせるという，知らせ方に文字を使える楽しさもあるのである。保育者は，鏡文字や，濁点をつける場所が違うという，国語としては間違っている表記を，取り立てて直さず，子どもの伝えたい気持ち，書きたい気持ちを受け止める。もちろん，子どもから正しい表記を書きたいと必要感をもって尋ねられれば，正しく伝える。子どもが必要感をもったときを逃さず教えることが大切である。

写真7-5　おばけ屋敷準備中

3) 拗音・促音・長音と語のまとまり

　子どもが祖父母に手紙を書くとき，苦労するのが，

写真7-6　おばけ屋敷始めました

拗音・促音・長音である。例えば，発表会の案内手紙を書く場合，「おばあちゃん　はっぴょうかいを　みにきてください」と書きたい。しかし，拗音である，おばあちゃんの「ちゃ」が「ちや」になる。また，促音である，発表会の「はっ」「ぴょ」などは，「はつぴようかい」や「はぴようかい」となる。長音のおばあちゃんの「ばあ」も「おばちゃん」や「おばうちゃん」や「おばーちゃん」のような表記をする。

　5歳児に，特殊な音節理解は難しい。しかし，正しく教えようとするあまりに，書こうとする意欲や文字で伝えようとする意欲を失わないようにすることが大切である。話し言葉として「おばあちゃん」「はっぴょうかい」という意味をもつ言葉のまとまりを，子どもがわかって使うことを十分に身に付けさせることが大切である。

子どもと言葉遊び

　言葉遊びは，子どもの暮らしの中に着実にあるものである。例えば，階段を使ってじゃんけん遊びをする。「グー」で勝つと「グリコ」で3段進む。「チョキ」で勝つと「チヨコレート」で5段進む。「パー」で勝つと「パイナップル」で6段進む。この遊びは，拗音・促音・長音が言葉に含まれており，音節区切りがある。

　他の遊びとしては，「だるまさんが〇〇した」がある。鬼役が指示した様子をジェスチャーするのである。楽しみながら，いろいろなシチュエーションを想像して，指示するほうもジェスチャーするほうも想像をふくらませることができる。

　また，「あぶくたった」の遊びの中では，「トントントン」「なんのおと？」のやりとりをした後，鬼の子どもは，「風の音」「雨の音」「落ち葉の落ちた音」「石を投げた音」などなど，音の出る状況をさまざまに表現する。子どもの実体験の遊びの世界が豊かであればあるほど，言葉の世界も豊かになる。

　小学校入学前に，没頭して遊ぶ実体験が，体ぐるみの賢さを体に蓄えていくことにつながる。その体に蓄えた賢さは，言葉で考える力である。それが幼小の段差を乗り越える力になるのである。

引用文献

1）小森　茂 他37名：新編 あたらしいこくご 1 上，東京書籍，2014, pp.1-7.
2）東京書籍：新編 新しい国語 指導計画作成資料【1年】，東京書籍，2015, p.1.
3）近藤宮子作詞，作曲不明：こいのぼり.
4）谷川俊太郎作，和田誠絵：ともだち，玉川大学出版部，2002.
5）ガース・ウィリアムズ，松岡享子訳：しろいうさぎとくろいうさぎ，福音館書店，1965.
6）谷川俊太郎：これはのみのぴこ，サンリード，1979.
7）工藤直子：のはらうた，童話屋，1984.

第8章 指導法「言葉」と模擬保育

1. 指導案の作成

　乳幼児の，言葉の発達を意識した指導案を作成するとしたら，活動の内容は何がよいだろうか。読み聞かせ，しりとりのような言葉遊び，文字の練習など，「言葉の指導」となれば，思い浮かべやすいのは，文章に親しむこと，単語や文字を知ることにつながる活動かもしれない。しかし，乳幼児期は言葉が発達している途中の段階である。「言葉を教える」というより「言葉を育む」指導案が求められる。

　乳幼児期の子どもにとって「言葉がわかる」とは「言葉とそれが指し示すものとを結び付けられる」ということになる。言葉を「知っている」だけでは「わかる」にはならない。言葉と指し示されるものとを結び付ける機会，結び付きを確認する機会をつくることも，言葉の発達の支援となる。では，何をねらいとする活動を計画すれば，「言葉を育む」指導案ができあがるのだろうか。

（1）発達の流れから

　例えば，「くまさんどこ？」という問いかけに指さしで応じるといったように，発達初期には，まだ自分で話すことはできなくても「聞いて」理解することはできる時期がある。次に，声に出して自分で言葉を「話す」ようになる。その後，大人に助けてもらいながら話し言葉は発達し，子ども同士でも言葉で「伝え合う」ことができるようになっていく。

　「話す」が，すぐに「伝え合う」にならないのは，「伝え合う」には言葉以外の力も必要だからである。自分の話を相手にわかってもらうには，何について，どのような表現で，どういう順序で伝えればいいか，相手の立場で考えてみなければならない。相手が幼児のときと大人のときとで，話し方が変わるのもこの例だ。出来事を順序立てて話すには，時間の理解も必要となる。相手の話を自分が理解するときも，相手の立場に立ってみる必要がある。それができるようになるのは5歳頃だが，いずれ相手の立場と時間の流れを理解できるようになるよう，5歳以前から支援していくことが，言葉の発達につながっていく。

　話し言葉と並行して，書き言葉も発達していく。子どもは，日常生活の中で文字にふれる経験を通して，身近なものに書かれている文字に興味をもつようになる。そして文字を見分けて「読める」ようになり，手に筆記用具を持って文字を「書ける」ようになっていく。

　このように，言葉の発達過程をたどってみると，「言葉を育む」には，子どもにどのような力がつくよう支援していく必要があるのかがわかりやすくなる。まず，耳・声・目・手を使いこなすという，感覚・運動の力が欠かせない。さらに，時間や他者の心の中のように，見えない存在について考える力も，言葉で伝え合うには不可欠なのである。

94　第8章　指導法「言葉」と模擬保育

1）聞き取る・聞き分ける

　生まれたとき，人は聞こえる耳をもっていたとしても，言葉にどのような音が使われているのか，どのような音の組み合わせが単語になるのかは知らない。乳幼児は，周りの人が話している言葉を聞き，音を聞き分けて，言葉を覚えていく。「あま（甘）い」・「あか（赤）い」，「たか（高）い」・「かた（堅）い」・「かたち（形）」など，1音だけ違ったり，同じ音でも順番が違っていたりすると，別のものを表す言葉になる。言葉を覚えるには，その違いを確実に聞き分けて，聞き取っていかなければならない。"「おはよう」は一言だけど「お・は・よ・う」の4音だ"というように，一つの単語や一つのフレーズを正確に分解できるようになるのは5歳頃からである。言葉を構成する音を把握するのも，子どもにとっては簡単なことではないのだ。

　作文をするとき，私たちはまず頭の中に音で言葉を思い浮かべ，その音に対応する文字を書いていく。書き言葉の習得のためにも，子どもが言葉の音を正確に把握できるよう，保育者の配慮が求められる。保育者が，常にはっきりと正しい発音で話すよう心がけることもことも大切である。

　よく聞いて何の音かを当てるクイズや，子どもを夢中にさせる読み聞かせ，一人ひとりへの言葉がけなどで，この力を養うことができる。

2）声を出す・発音する

　私たちは，音を聞き分け，聞き取れれば，それを真似て，自分で声に出して言ってみることができる。といっても，思い通りの音を声に出すことはそれほど簡単なことではない。人が言葉を話すときに使っている声は，生まれつき出せる声ではないからだ。人は生後3か月頃，のどの構造が変化して，言葉を話す声を出せるようになる。言葉を話すには，声を出せるだけでなく，さまざまな音を連続して発しなければならない。生後6・7か月頃までの乳児は，手や足の動きと声を同期させることで連続した発声の練習をしている，ということが確認されている。発声も筋肉を使う運動の一つであり，コントロールできるようになるには練習期間が必要なのである。その後，さらに声を出す経験を積むことで，自分の声でさまざまな音を出し分けられるようになっていく。歌うことも，楽しみながら声の調節を上達させる機会になる。

　言葉を話す声は生まれつき出せる声ではないため，「くまさん」が「くまたん」になるなど，うまく発音できない時期もある。多くの子どもが，話し言葉に必要な音をすべて正確に発音できるようになるのは5歳代になってからである。約5年の年月をかけて，発音はゆっくり発達していくのだ。正確な発音ができていないことに気付いたときは，子どもがうまく言えていない単語を，保育者の発言の中に入れて応答し，正しい音を聞くチャンスをつくる。子どもに言い直しをさせたり，その単語だけを繰り返し練習させたりはしない。話したいと思う気持ちを失わせないように配慮する。

　笑い声の発声の仕方は，言葉を話すときと同じである。日々の保育の中で，友だちと笑い合い，伸び伸びと声を出す時間がたくさんあることも，言葉を育むことにつながっていく。

3）見る・見分ける

　文字を覚えるには，「め」と「ぬ」のような，似ている文字を見分けなければならない。だ

が，その前に，茶碗と皿の形の違い，青と緑の色の違いなど，一つひとつ見分けることが，言葉を覚えるときには必須である。茶碗と皿は上から見ればどちらも丸いものだが，横から見たり手に持ってみたりすると，深さ（高さ）の違いがはっきりし，それぞれを指し示す言葉と結び付きやすくなる。逆に，大きさ・色・素材によって見た目は違ってもどれも皿，というように，違いはあっても指し示す言葉は同じ，と判断しなければならない場合もある。事物は見る角度で見え方が変化し，生き物は個体によっても変化する。観察して2つのものの似ているところと違うところを見つける，触って感触の違いによる見え方の違いを知る，体を動かし見え方の変化を実感するなど，言葉とそれが指し示すものを結び付けるには，たくさんの経験が必要なのだ。どのような活動も言葉を育むことにつながる，ともいえるだろう。

　人の視力は，誕生時には0.02程度であるが，そこから毎日の生活で見る経験を済み重ね，5歳頃には1.0程度まで発達する。乳幼児に何かを見せるときは，見やすい大きさ・色合いになっているよう気を付けなければならない。

4）異なる感覚情報を結び付ける

　乳児はまず，聞くことで言葉を知る。ある言葉が何を指し示すのかを把握していくには，聞こえる言葉と見えているものを対応付けなければならない。つまり，視覚と聴覚という，異なる感覚を通して入ってきた情報を，結び付ける必要があるのだ。立つ・座る・歩くといった動詞なら，見えている動作や自身の運動感覚を通して得た情報と，聞こえる言葉との対応付けも必要である。耳と目，耳と動きの連携が言葉を覚えることを助けていくのだ。言葉とその言葉が指し示すものを把握し，「言葉がわかる」ようになるには，感覚情報同士を結び付けてとらえなければならないのである。感覚機能自体が発達中の乳幼児にとっては，大人が思うほど簡単ではない。これも経験の機会をつくることが最大の支援となる。日々の保育にさまざまな活動を取り入れていきたい。

　例えば，目と耳を働かせながら鳴いている虫を観察する，音楽や歌のリズム，かけ声に合わせて体を動かす，ジェスチャーゲームをするといった活動もこの力を育むことにつながる。

5）他者の立場を理解する

　言葉で伝え合い，お互いの言い分を理解し合うには，自分には見えるが相手には見えないとか，自分はわかっているが相手はまだわかっていないなど，相手との違いを踏まえて何をどう話すか考える必要がある。そのような内面的な違いを，子どもは5歳頃，理解できるようになる。そうなる前，子どもは「今，自分はどうか」だけを思い浮かべている。「自分が知っていること・思い浮かべていることは相手も知っている・思い浮かべている」ことになるので，話がうまくかみ合わず，子ども同士では会話が長続きしない。異なる意見があることを知り，お互いの思いを把握できるよう，保育者が配慮しながら子どもと関わり続けていくことが，この力の発達の支援となる。

　他者と共に過ごしながら，自分とは違うやり方をする友だち，自分にはできないことをやってみせる年長児の存在を知ることなども，自分と他者との違いの理解を助ける。ごっこ遊びや劇遊びで，自分以外の存在として振る舞うこと，おはなしを聞いて登場人物の気持ちや考えを理解しようとすること，そのような経験によってもこの力は育まれていく。子ども同士のけん

かも，相手と自分の立場の違いに気付くきっかけになるとともに，言葉で伝え合うことの必要性を実感する機会でもある。その機会になるよう，保育者には，子どもの年齢に応じた的確な関わり方が求められる。

6）時間の流れを理解する

朝・昼・夜，昨日・今日・明日，春が来たら，大きくなったらなど，時間の流れを表現する言葉はたくさんある。その習得のためだけでなく，出来事について，相手にわかるよう順序立てて話すためにも，時間の流れの理解が必要である。

3歳児が，さっき知ったばかりのことをずっと前から知っていたかのように話すことがあるのは，時間の流れを理解できていないからだ。嘘をついているわけではない。理解でき始めるのは4歳頃である。記憶機能の発達も必要だが，生活経験の積み重ねも理解を助ける。

保育所にも，幼稚園にも，こども園にも，1日のスケジュールがある。食事の前や外出した後は，手洗い・うがいをするというような，おきまりの行動パターンもある。そのような，一定の順序がある一連の行動を経験し続けることも時間の流れを理解し，「順序立てて話す」ことにつながっていく。何か作業をするとき，手順通りに実行し目標状態に到達したという経験も同様だ。

まだ十分に時間を理解できていない子どもは，今思ったことを今できないと，永遠にできないかのように感じてしまう。先を見通して考えることが困難であるためだ。保育者として指導案を作成するときは，一度にどれだけのことを子どもに伝え，どのような段階を踏んで活動を展開していくのがよさそうかなど，細かい段取りまで考えておこう。活動の終わりには，終わりであることがわかりやすくなる工夫をし，子どもの気持ちを次の活動に向けられるようにしておこう。

時間の流れがわかるようになると，子どもは，見通しをもてるようになり，それまでよりは「待つ」ことに負担を感じなくなる。日頃の保育に，順番に受け取りに行く（自分の順番まで待つ），自分なりに手順を考えてみる（見本を参考に製作してみる）といった機会をつくり，楽しみながら過ごすうちに理解が進むような配慮が求められる。

7）手の動きをコントロールする

文字を書くときは，手に持った筆記用具を的確に動かして，文字が正しくできあがるよう1画ずつ線を書いていくことになる。左から右へ，上から下へ，動かす方向と長さを調節しなければ正しい文字は書けない。手元を見て，方向感覚を働かせ，手に持った筆記用具を動かすことになる。文字を覚えるときは，手本を見て，手の動かし方を判断する必要もある。いずれにしても，目と手，2つの身体部位の連携がカギなのだ。この，2つを同時にうまく使うことが，子どもにとっては大変なのである。大人になってからも，手先が器用な人とそうでもない人がいることを踏まえれば，その大変さも納得できるだろう。

文字を書くだけでなく，人が手を使って何かするときは常に目と手を同時に働かせている。その機会を積極的に取り入れることで，この力を養っていくことができる。お絵描きはもちろん，砂場で山を作ってトンネルを掘る，積み木を積む，ビーズにひもを通す，ボール投げをする，はさみで切る，のりで貼る，折り紙をする，金槌で叩く，ピアニカや木琴を演奏するな

ど，当てはまる活動はたくさんある。

　保育者が子どものために，ここまで述べた１）〜７）の力を発揮する機会と環境をつくることが，「言葉を育む」ことにつながっていく。年少の子どもほど，見る・聞く・動く・発声する経験（ここでは，１）〜４）が該当する）の豊富さが，言葉の発達の助けになる。指導案の作成にあたり，主活動を言葉遊びにする場合だけでなく，１）〜７）に当てはまることを「ねらい」にあげられるなら，それは「言葉を育む」指導案といえる。そうなると，主活動として採用できる活動はかなり広がるはずだ。目も耳も手も使わない，段取りもない，という活動を考えるほうが難しいからである。

（２）指導案を考える

　例えば，①「カエル」と「カラス」のように同じ音で始まる名前の生き物を選び，それぞれに対応する動き（その場で跳ねる・腕を羽のように動かす），発声（ケロケロ・カーカー），または，行動（池に見立てた円の中に飛び込む・巣に見立てた箱に入る）など，何かを決めておく，②保育者は「カ，カ，カ，カ…」と同じ音を何度か繰り返してからどちらかの生き物の名前を言う，③子どもはその生き物に対応する動き・発声・行動をする，①〜③を繰り返す，という遊びを主活動とする場合を考えてみよう。これは，単純なごっこ遊びのような活動であるが，「言葉

表8-1　「ねらい」の文例

言葉を育む力	文　例
１）聞き取る・聞き分ける	・いろいろな音の響きを楽しむ（楽器・動物の鳴き声など） ・よく似た音・言葉を聞き分ける ・音を聞いて箱の中身を当てるゲームを楽しむ
２）声を出す・発音する	・高さの違う声を出すことを楽しむ ・大きな声で呼びかけて楽しむ ・自分の要求を言葉で伝える
３）見る・見分ける	・じっくり観察し，見る力を養う ・似ているところ・違うところを見つけて楽しむ ・色や形など，ものそれぞれの特徴をとらえる
４）異なる感覚情報を結び付ける	・楽器の演奏を楽しむ ・保育者の動作をよく見て同じようにやってみる ・かけ声に合わせて積極的に体を動かす
５）他者の立場を理解する	・ごっこ遊びを通して，友だちと一緒に楽しみながら立場の違いを経験する ・友だちの意見を聞いて，自分とは違う考えがあることを知る ・仲間とアイデアを出し合いながら遊びを展開していく楽しさを味わう
６）時間の流れを理解する	・写真や絵から，その後どうなるかを想像してみる ・友だちと一緒に手順を考え，やってみる ・楽しかったことの発表を経験をする
７）手の動きをコントロールする	・紙を破る，丸める，テープで留めるなどの活動を楽しむ ・クレパス・筆を使って，描ける線の違いを楽しむ ・バチでベルを鳴らし，メロディーづくりを楽しむ

（筆者作成）

を育む」ことにつながる力を，複数（聞き分ける，発声する，異なる感覚情報を結び付ける）取り入れることができている。動きに合わせて発声もする，年長児なら②の役割を子どもが順に担当する，といった工夫をすることで，より多くの力を盛り込むこともできる。指導案を作るときは，まず，保育の対象となる子どもの年齢に応じて，みんなで楽しめる活動を考えよう。その活動に，（1）で解説した1）～7）のいくつかを発揮する場面があるようアレンジして，それをねらいに反映させれば，「言葉」の指導案ができあがるはずだ。表8-1に，「ねらい」の文例をあげておく。

2．保育の実施

　指導案を作成できたら，模擬保育の実施である。実施の前に，指導案で設定した活動の流れがしっかり頭に入っているか，確認しよう。本番となれば誰でも緊張する。緊張していても進行できるよう，段取りを押さえておこう。また，指導案には独立して取り上げたとしても，本来，1日の流れの中に位置付けられる活動である。指導案の内容に入る前も，終えた後も，子どもは別の活動に取り組むのである。それを意識した導入の言葉がけ，締めくくりの言葉がけも準備しておこう。必要な道具・教材が，子どもの人数分そろっているかも確認する。子どもの年齢や発達の状態に合わせ，作業の流れ図や製作するものの見本を用意するなど，子どもが見通しをもって活動に取り組むための支援策も考えておくとよい。

　模擬保育であっても，子どもと対面しているつもりで行動しよう。そうすることで，「子どもがじっと待っているだけの時間が続く」といった，指導案の作成中には気付けなかった配慮すべき点が見つかることもある。実際に保育現場に立ったときは，指導案で想定していたとおりに進めていけるとは限らない。「もし，ここで活動に集中しきれない子どもがいたら」とか，「思っていたより規模の大きな活動に発展したら」など，想定におさまらない展開の可能性を，模擬保育の段階で考えてみるようにしておくと，保育の現場で，子どもを相手に臨機応変に対応する技術を磨くことにもなるだろう。

3．保育の振り返り

　保育実践を振り返り，「ねらい」としたことがどのくらい達成されたか，あるいはされなかったのかを確認しておくことは，保育の質の向上につながる。自分自身の保育を録画・録音しておいて振り返れば，その場では思いつかなかった，より効果的な関わり方を考え出せる可能性もある。保育中に気になった子どもの言動についてメモをとっておき，終了後にあらためて考えてみることで，その言動がどのような意図によるのかがわかり，その子どもに対する理解が深まる場合もある。振り返りの際，複数の保育者で検討すれば，自分の見過ごしや思い込みに，あらためて気付かされる機会にもなるだろう。自分以外の保育者の言動に，よりよい働きかけ方のヒントを見つけることもあるかもしれない。振り返りによって考えた内容も，記録を残しておくとよいだろう。

3. 保育の振り返り　99

　保育を振り返るとき，内容を検討する視点は2つある。子どもの立場での振り返りと，保育者の立場での振り返りである。「言葉を育む」指導案を作成し，保育を実施したときの振り返りのポイントを，立場ごとの項目として示す。どれも，保育実践中には，保育者がすべき配慮・支援でもある。

　それぞれの項目について，自分で判断するのに加え，他者にも判断を求めよう。他者に依頼するときは，「十分できていた・ある程度できていた・やや不足していた・不足していた」など，用意した選択肢の中から一つ選んでもらう回答法を取り入れると，他者の負担も抑えられ協力を求めやすくなるだろう。他者からは，同じ項目について，異なる意見が出る場合もあるかもしれない。そのようなときは，保育対象となる子どもにも，似たような状況が生まれる可能性を考えてみよう。大人でも子どもでも，物事の受け止め方には個人差がある。好きな活動・苦手な活動も，子どもによって異なる。別の何かが気になって活動に気持ちが向かなかったとか，友だちの言動が気になって落ち着かなかったとか，保育者の声がうまく聞き取れなかった子どももいたかもしれない。だからこそ，保育実践中は，一人ひとりへの目配りが大事なのである。子どもが主体的・意欲的に活動していけるよう言葉をかけ，子ども同士の伝え合いを支援できたか，振り返ってみよう。

（1）子どもの立場

　子どもを主語として，保育を振り返る。完成度や到達度の評価ではなく，子どもが興味や関心をもって活動に取り組み，「言葉を育む」ことにつながる力を発揮していたかを検討する。チェックポイントの例が以下の①〜⑨である。ただし，主活動の内容や対象児の年齢によって，使える項目と使えない項目がある。ここにはあげていない項目が必要な場合もあるだろう。あげている項目の中には，「○○した」という行動の表現が多いが，保育実践中，子どもの集中している様子，表情，積極性（元気よく動く，うまくいかないときも粘り強く取り組み続けるといったこと）などを見落とさないよう気を配り，総合的に判断して，子どもそれぞれが充実した時間を過ごせていたかを確認しよう。

　①　じっと見たり，触ってみたりした。
　②　じっと聞き入っていた。
　③　音・色・形・感触の違いに興味をもった。
　③　伸び伸びと声を出していた。
　④　見て確かめながら，道具（はさみ・のり・紙・筆記用具など）を使っていた。
　⑤　音楽やかけ声などをしっかり聞いて，体を動かしていた。
　⑥　友だちに言葉やしぐさで伝えようとしていた。
　⑦　友だちの気持ちや考えに耳を傾けていた。
　⑧　友だちと言葉を交わし，協力していた。
　⑨　見通しをもって自分なりにやり遂げた。

（2）保育者の立場

　指導案で設定した「ねらい」が達成されるよう，子どもを支援できたかを振り返る。子どもの言葉を育むには，保育者が言葉を正確に使い，伝わりやすく話すことも欠かせない。この点についても検討する。例えば，以下の項目についてチェックしてみよう。

① 対象児の年齢に適した活動内容になっていたか。

② 声の大きさ，発音の正確さ，話す速さは適切だったか。

③ 正しい言葉遣いができていたか。

④ 教材や活動について，ポイントを押さえ，子どもにわかりやすい説明ができていたか。

⑤ 子どもが主体的に活動に取り組めるように支援できたか。

⑥ 子どもが，自分なりの言葉で友だちに思いを伝えられるよう関われたか。

⑦ 子ども一人ひとりの特性に応じた言葉がけができていたか。

⑧ 子どもの興味を喚起し，積極的な取り組みを引き出す工夫があったか。

⑨ 保育者自身が楽しさを感じたか，充実感をもてたか。

　以上のチェックに加え，どのような言葉がけで子どもが主体的に取り組むようになったか，あまり効果的な言葉がけができなかったのはどのような状況だったかなど，具体的な記述を記録しておけば，子ども一人ひとりの特性を把握する資料ともなるだろう。

　一人の保育者で，常に完璧にやり遂げることは，特に経験が浅いうちは難しい。事前に重点を置く項目をいくつか決めておいたり，他の保育者と打ち合わせ，連携して補い合ったりするのも一つの策だろう。

参考文献

・正高信男：子どもはことばをからだで覚える―メロディから意味の世界へ，中央公論新社，2013.

・中川伸子：1・2・3歳ことばの遅い子―ことばを育てる暮らしの中のヒント，ぶどう社，1999.

・乳幼児保育研究会著，田中真介監修：発達がわかれば子どもが見える―0歳から就学までの目からウロコの保育実践，ぎょうせい，2009.

指　導　案

0歳児　11月のカリキュラム

主活動のねらい	・衣服や室内温度の調節に気を付け，健康に過ごす。 ・秋の自然の中で，歩くなど体を動かして遊ぶ。		
時　間	環境構成	子どもの活動	保育者の援助・配慮
8:30	空気の入れ替えをするなど，室内の環境を整える	○順次登園する	・子どもや保護者とあいさつを交わしながら，子どもの健康状態について家庭での様子を聞いたり健康観察をしたりする
	子どもが安全に遊べるよう十分なスペースを確保する	○室内で好きな遊びをする	・子どもが安全に，はいはいや，つかまり立ち，歩行などを楽しめるよう遊びを見守る
9:15		○おむつを交換してもらう	・おむつを交換し，気持ちよさが感じられるようにする
9:20	おやつ，ふきん，おしぼりなどを準備しておく	○おやつを食べる	・手で持って食べられるものを用意し，優しく言葉をかけ，子どもが自分で食べる姿を見守っていく
9:45	子どもが親しんでいるわらべうたや，絵本などを用意し，保育者と一緒に見たくなるような雰囲気づくりをする	○保育者のわらべうたを見て，一緒に手を動かしたり，絵本を見たりする ・『ココハトウチャン』 ・『だるまさんが』	・子どもが一緒に楽しめるように，様子を見ながらゆっくりとわらべうた遊びをする ・興味のある絵本を保育者と一緒に見ながら，簡単な言葉の繰り返しが楽しめるようにする
10:15	一人ひとりの発達に応じた遊びができるように，遊具や玩具を用意しておく	○戸外遊びをする ・未満児用の砂場で遊ぶ ・滑り台を滑って遊ぶ	・子どもが遊びを楽しめるように保育者も一緒に遊ぶ ・滑り台の昇り降りなど，安全に遊べるように側で見守り，必要に応じて援助する

第9章 保育者と子どもが共に創る保育

1. 高砂市の民話の取り組みの始まり

「高砂やこの浦舟に帆をあげて…」と，めでたい謡曲「高砂」（世阿弥）で古くから知られる高砂市は，兵庫県南部播磨平野の東部に位置し，東に加古川が流れ，南に瀬戸内播磨灘を臨み，古くから白砂青松の風光明媚な泊として栄えてきた。西部の日笠山や中央部の竜山などの丘陵地には多くの遺跡が発見されており，原始・古代の人々の暮らしぶりをしのぶことができる。また，高砂は景勝の地であったため，多くの歌人たちにも愛され，「稲日野も行き過ぎかてに思へれば心恋しき可古の島見ゆ」（柿本人麿）をはじめ，多くの和歌が詠まれ，万葉集などの数々の歌集を賑わせている。

このように由緒ある歴史が残されている高砂市だが，公立の保育施設では，こうした史さんを無駄にすることがないように，次世代へと語り継ぐことが大切と1990年代に入り認識するようになった。

1993（平成5）年頃からは地域の高齢者や，寺社関係者，また専門家の方などに聞き取りを行ったり文献を読んだりしながら，地域の史跡巡りを行ってきた。

地域を知っていくうちに，高砂市には，地域にまつわる民話が各所にあることがわかり，その民話を子どもたちに語り伝えようという取り組みが市内各公立保育園[*1]で始まった。そして，保育者が民話を劇や紙芝居，人形劇にして子どもたちに広めていった。民話の取り組みの流れは以下のとおりだが，ここでは，地域の人と共に文化に触れて子どもが育つことの意味について考えていきたい。

表9-1　民話の取り組みの流れ

・1993（平成5）年〜：地域の史跡巡り
・1994（平成6）年〜：民話の掘り起こし
・各園で民話を広める活動が始まる
・紙芝居・影絵・人形劇・ペープサートなどで広めていく
・2013（平成25）年〜：「子育ち応援フェア」で毎年，各園の民話を紙芝居の読み聞かせや，保育者による劇で披露
・2015（平成27）年〜：各園の民話を絵本にし，9つの民話絵本ができあがる
・公立・民間の各保育所・幼稚園・こども園に配布
・2016（平成28）年〜：各園の民話を歌にした「9つの高砂物語」が完成
・2017（平成29）年〜：10作目の民話歌「きつねのおいしゃさん」完成

---

*1　高砂市では，公立の保育施設について保育園と呼称している。1993（平成5）年当時公立保育園は12か所であったが，その後民間移管や閉園となる施設もあり，2020（令和2）年度は保育園が1か所，認定こども園が7か所である。

2. ふるさとの愛につつまれて豊かな心を育む

(1) 子育ち応援フェア

「子育ち応援フェア」は，2013（平成25）年度より，自分たちが住んでいる街の自然や歴史・文化・地域の魅力を幼児期から知って，高砂に生まれた喜びと郷土を愛する子どもを育むこと，また，一生涯を元気に生活するための健康な心と体つくりを学び，活力あふれる街を目指し，市内の総合体育館で始まった。その催しでは，地域の民話を広く知ってもらうため，各園の職員による民話劇を披露し好評を得ている。

子育ち応援フェアには，毎年500人程の親子（未就園児も含む）が参加している。

写真9-1　地域にまつわる民話の紙芝居，絵巻物　　写真9-2　各園の職員による民話劇「きつねのおいしゃさん」

(2) 各園の民話絵本と民話歌「9つの高砂物語」完成

園児たちは，自分の地域の民話は知っているが，他の地域の民話は子育ち応援フェアでしか知ることができなかった。そこで，高砂市内全体で，すべての地域の民話にふれることができるよう，各地の民話を絵本にして，保育施設や市立図書館に配布し，多くの園児，市民を楽しませている。

また，各地の民話のもつ思いを歌にし，子どもたちに故郷に伝わる民話を，より感じてもらえるように，民話の歌が完成した。それは各園で歌い継がれ，保護者，地域にも広がっている。

写真9-3　9つの民話絵本

9つの民話で紡ぐ歌 「9つの高砂物語」

作詞・作曲　吉田 美香

＜プロローグ：つなぐよ　未来へ＞
遠い昔の人たちもね　おじいちゃん　おばあちゃん　パパとママもね
ここで生まれて　ここで笑って　ここで祈って暮らしたんだね
山と川と海を守って知恵と勇気を語り伝えて
幸せ願って　頑張ったんだね　命をつないでくれたんだね
ありがとう　大事にするよ　この命と　この高砂を
ありがとう　いつか僕らも　つなぐよ　未来へ

＜阿弥陀地域の民話歌：あみだのおはなし＞
昔，阿弥陀の人たちがね　時光坊の夢のお告げで
えんやら　えんやら　海に沈んだ阿弥陀様を探したんだよ
やがて阿弥陀様は見つかったけど　右手だけが海の底で幸せ願って
ずっとみんなの海を　守ってくれてるんだよ
ありがとう　大事にするよ　この命と　この高砂を
ありがとう　いつか僕らも　つなぐよ　未来へ
　「え～んやら　え～んやら　阿弥陀様を見つけよう」

＜荒井地域の民話歌：しょうごのかね＞
昔，荒井の大明神様に　かわいい娘を授かったんだよ
病気も治してもらったからね　お礼に鐘を供えたんだよ
正午の鐘が優しく響くと　村人たちは心安らぐ
幸せ願って鳴る鐘の音が　僕らを　守ってくれてるんだよ
ありがとう　大事にするよ　この命と　この高砂を
ありがとう　いつか僕らも　つなぐよ　未来へ

＜高砂地域の民話歌：たかさごなびつまものがたり＞
昔，高砂の可愛い姫に　景行天皇が会いに来たよ
なびつま島に隠れた姫に　天皇様がプロポーズしたよ
二人の子ども　ヤマトタケルを残して姫はこの世を去った
川に沈んだ姫を偲んで　今も　語り継ぐ　ラブストーリー
ありがとう　大事にするよ　この命と　この高砂を
ありがとう　いつか僕らも　つなぐよ　未来へ

＜宝殿地域の民話歌：石のほうでん＞
昔，二人の神様がね　石でお宮を造ろうとして
石切り山でコンコンカンカン　だけど戦で途中でお終い
やがて　不思議な　この浮石は　周りの水が　涸れず溢れず
生石神社に祀られてね　今では日本三奇の一つだよ
※　ありがとう　大事にするよ　この命と　この高砂を
　　ありがとう　いつか僕らも　つなぐよ　未来へ
　「高砂や　この浦舟に　帆をあげて」

<梅井地域の民話歌：うめのい>
昔，梅井の井戸の水は　塩辛くてね　困ったんだよ
梅の咲くころ道真様が　井戸掘る場所を教えてくれたよ
その梅の井の　美味しい水は　どんな時にも涸れなかったよ
幸せ願って道真様が　僕らにお水をくれたんだよ
ありがとう　大事にするよ　この命と　この高砂を
ありがとう　いつか僕らも　つなぐよ　未来へ
　　「東風吹かば　匂い起こせよ　梅の花　主無しとて　春な忘れそ」

<北浜地域の民話歌：はちまんさまとふじのいど>
昔，北浜に藤が咲くころ　心優しい八郎太さんが
八幡様にご褒美もらった　井戸掘る場所を教えてもらった
藤の井戸に湧き出す水は　塩辛くない美味しい水だよ
雨乞い踊りも　しなくなったよ　命の水をもらったからね
ありがとう　大事にするよ　この命と　この高砂を
ありがとう　いつか僕らも　つなぐよ　未来へ
　　「雨乞いの　お天とさん　天にしずくは　ないかいな」

<曽根地域の民話歌：てんじんさん>
昔，曽根の日笠の山に　道真公が松を植えたよ
やがて　お社建てられて　天満宮になったんだよ
学問疱瘡神様がいっぱい　病気を治す不思議な牛も
幸せ願って秋祭りには　やっさに竹割　迫力満点
ありがとう　大事にするよ　この命と　この高砂を
ありがとう　いつか僕らも　つなぐよ　未来へ
　　「よ〜いよ〜いべ〜　柿や〜栗も〜買うて〜やろ〜　よ〜いよ〜いべ〜」

<中筋地域の民話歌：しらややくし>
昔，中筋の竜山からね　白羽の矢のような光が見えて
山に登った村人たちは　薬師如来を見つけたんだよ
行基菩薩の教え通りに　お堂を建てて大事にしたよ
だから今でも白矢薬師は　僕らを　守ってくれてるんだよ
※　ありがとう　大事にするよ　この命と　この高砂を
　　ありがとう　いつか僕らも　つなぐよ　未来へ

<米田地域の民話歌：そらとぶこめだわら>
昔，米田の法道仙人　不思議な術で村を守った
お殿様の米俵を空に舞い上げ村に運んだ
米俵は返したけれど　何故か一つ村に落ちたよ
幸せ願った村人たちは　米塚薬師に供えたんだよ
ありがとう　大事にするよ　この命と　この高砂を
ありがとう　いつか僕らも　つなぐよ　未来へ

3. 北浜こども園の取り組み

　高砂市内の公立保育所において実践されてきた民話による保育は，子どもの心に何を残しているのか，文化遺産の継承は大人の義務であり，子どもの保育を預かる施設においては大切にしたい保育内容である。本節では，高砂市立北浜こども園の1事例を紹介する。

（1）民話に親しむ

　北浜こども園では，保育者が作った大型紙芝居の読み聞かせをした。ここでの参加者は親子，祖父母であった。その次には，子どもと職員，民話をよく知る地域の専門家を交えて民話地を巡る旅散歩，民話絵本の貸し出し，運動会の親子競技に取り入れるなどして，子どもの興味や関心を育てていった。

1) 実践例①：運動会で親子競技（親子・職員）

　5歳児親子競技として「きつねのおいしゃさん」（p.109参照）を行った。物語に沿って職員が劇を披露。途中で，保護者がきつね，園児が西崎さん（おいしゃさん）になって，急げ！急げ！と車を走らせる。見事，西崎さんは清勝寺に着いた。その後，もう一度職員による劇で，無事に赤ちゃんが生まれた。

　園児・保護者・職員・演技を見ているすべての人が，民話の世界を楽しめた。

写真9-4 「急げ！　急げ！　西崎さんを乗せて」

写真9-5 「う，う，生まれた〜」

2) 実践例②：民話地めぐり旅散歩…大型紙芝居
　　　―清勝寺（「きつねのおいしゃさん」の舞台）で紙芝居（地域の方・職員）―

　清勝寺の観音講（本堂）において，職員が園児親子，地域の方に向けて，紙芝居を披露した。

写真9-6　清勝寺本堂にて

写真9-7　竹やぶにて記念撮影

3）実践例③：民話地めぐり旅散歩…専門家の協力と共に
　　─会いにきたよ！　きつねさん─

　播磨学研究所研究員の歌井昭夫氏の案内により，地域の民話「きつねのおいしゃさん」の地を訪ねて散歩に出かけた。前日に紙芝居を見て，とても楽しみにしていた子どもたち！
　歌井氏のお話を聞いて出発。西崎さんの病院があった家を訪ねて行った。
　歩き慣れた道から一本細い道に入り，少し行くと西崎邸が見えてきた。
　西崎さんの家（きつねのおいしゃさんの家）は，今はご子息が家を守っておられる。
　中に入らせていただき，「ここが病院の待合室だったお部屋ですよ」など，診察室や薬をもらうところもあったことを教えていただいた。

ここの病院は，入院するところもあったんだよ

本当にお医者さんがあったんだ

西崎さんがここにいたんやな

あっ，ここに人力車で通った跡が２本ある

ほんまや〜
きつねの足跡もあるかな

きっと子どもたちの心は，昔にタイムスリップ！
人力車に乗った西崎さんが見えていたのかもしれない。
さあ，西崎さんがお産を手伝った清勝寺へ…。

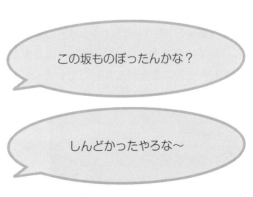

この坂ものぼったんかな？

しんどかったやろな〜

　清勝寺では住職，副住職が「よくきたね！」と迎えてくださった。
　竹やぶに入ると，すーっと心地よい風が吹き抜けてとても涼しく，竹の間から優しい光が差し込み，素敵な空間。
　"きつねさんが本当にいるかも！"と子どもたちはキラキラした表情をみせた。
　竹やぶの中で，「きつねのおいしゃさん」の紙芝居が演じられた。

きつねさん，いるかな

ほんまにあったんやな

ここやったんやな！

　僕たち，私たちの住んでいる地域って素敵だな，大好きだよ！　と民話の世界に夢をふくらませ，ますますふるさとに親しみをもてた旅になった。

4）実践例④：子どもとつくった民話紙芝居

「きつねのおいしゃさん」

　北浜の町に伝わるお話に「きつねのおいしゃさん」という話があります。昔，この近くの清勝寺というお寺の裏山にはきつねがたくさんいて，いろいろとおもしろいことをやっていたそうです。
　きつねといえば，化けたり，人をだましたりするのがうまいのですが，そのきつねが立派なお医者さんをだましたというお話です。

　北浜には，西崎さんという，とても立派なお医者さんが住んでおりました。西崎さんのところには毎日たくさんの患者さんがやってくるのですが，一人ひとりを親切にていねいに診てくれていました。「おなかが痛いよ～！おなかが痛いよ！」「どれどれ男の子がそんなに泣くもんじゃない。おなかで虫があばれとるんじゃ。この葉っぱを煎じて飲みなさい。すぐに治るよ」「先生，ありがとうございます」と，子どもも大人も西崎先生を頼りに暮らしていました。

　ある晩のこと。西崎さんは，この日も忙しく一日が終わり，やっと一休みしているところへ，トントンと玄関の戸を叩く音がします。「西崎先生，清勝寺から来ました。私の妻が子どもを産んでいますが，大変苦しんでいます。すぐに来て診てくれませんか」とのこと。
　西崎先生は，こんな夜遅くにきつねのいる山寺などへ暗くて歩いては行けないと思い断りました。

　するとその男の人は，「では，人力車を持ってすぐお迎えに上がります」と言うと，すぐに人力車を引いてやってきました。そして西崎先生は，それに乗り込んで「急げ！　急げ！」と言って清勝寺へ向かいました。

　清勝寺では，赤ちゃんの生まれそうな奥さんが「う〜ん…う〜ん」と苦しんでいました。しかし，赤ちゃんは生まれません。西崎先生は落ち着いて診察し，男の人にもお湯を沸かすように言いました。こうしてやっとのことで可愛い赤ちゃんが生まれました。

　西崎先生は「よく頑張ったね」と声をかけました。奥さんは目に涙をためて西崎先生に手を合わせました。男も大変喜んで，「先生，ありがとうございました。これはお礼です。少ないですが」と言って，お礼のお金を差し出しました。

　さて，数日がたったある日。西崎先生は清勝寺へお参りに行きました。お寺の住職さんに「ここで生まれた赤ちゃんは元気に大きくなっていますか？」と尋ねると，「いいえ先生，このお寺に子どもを産んだものはおりません」と言うのです。「そんなはずはありません。確かにここでお産をお手伝いしましたよ」と西崎先生は言いました。すると住職さんは「もしかすると裏山のきつねのお産を救ってあげたのではないですか？」と言うのです。「そんなことはない，人力車で迎えに来ましたよ。お礼にお金をもらったし」「ああ，それもムシロか何かでしょう。お金は葉っぱだと思いますよ」と住職さんは言いました。

　帰り道，ふと見上げると「コォーン・コォーン」と鳴き声がして，きつねの親子がこちらを見ています。そして元気な子ぎつねがうれしそうにお母さんきつね，お父さんきつねの周りを走り回っていました。それを見た西崎先生はとってもうれしくなったそうです。後から調べてみると，人力車と思って乗っていたのはやっぱりムシロで，これを西崎先生の家から清勝寺まで，ズルズルと引っ張った跡があり，きつねの足跡もちゃんと残っていたそうです。
　西崎先生は，きつねのお産までも手がける心優しい立派なお医者さんだというお話です。

3. 北浜こども園の取り組み　111

　前述した（p.104・105）の民話歌は，9作目までの歌詞である。ここでは，10作目「きつねのお医者さん」が完成した。

「きつねのお医者さん」

作詞・作曲　吉田　美香

　昔　北浜の西崎さんは　心優しいお医者さんでね
　村人たちから慕われて
　おまけに　きつねにも慕われたとさ　コン！
　暗い夜道を　清勝寺裏へ　キツネに化かされ
　お産の手伝い
　やがて　子ぎつね　会いに来てね
　「コンコン　ありがとう！　西崎先生！」
　ありがとう　大事にするよ　この命とこの高砂を
　ありがとう　いつか僕らも　つなぐよ未来へ！
　　　　　　　　　　　　つなぐよ！

西崎さんを乗せて清勝寺へ向かうところ

赤ちゃんが生まれそうな奥さんを西崎さんが診察しているところ

人間に化けたきつねが西崎さんに助けを求めに来たところ

歌のもつ力
- 言葉をより明確にし，繰り返し歌うことにより次第に心に届き，思いを共有することができる。
- 歌詞・メロディーの美しさを感じ，豊かな心を育む。
- 聞いた人の心も癒す。

（2）民話の語り―感謝を込めて思いをつなぐ―

　卒園する5歳児が，地域でお世話になった方や4歳児に向けて，「きつねのおいしゃさん」の紙芝居の"語り"をした。
　自分たちの親しんできた「きつねのおいしゃさん」。

> 　大好きな民話を，卒園の前に子どもたち自身が語った。
> 　言葉のもつ意味，思いを込めて…。
> 　5歳児が語るのを，じーっと見ていた4歳児。思いはつながっていく。

> 　そして，感謝の気持ちを込めて，5歳児と4歳児が民話歌「高砂物語」を歌った。
> 　地域の方にも，「涙が出たよ」「感動した」と喜んでいただけた。

> 　最後は笑顔でタッチ！
> 　たくさんの"ありがとう"を込めて。

　自信に満ち，誇らしげに，"語り"や歌を披露するときの5歳児の表情。憧れの気持ちで見ている4歳児。そして，それらを見守る大人たち。地域の中で，つながりが育つ瞬間である。

4. おわりに

（1）豊かな心を育む民話の力

1）子どもにとって

　民話を紙芝居で見るだけでなく，そこを実際に訪れることにより，子どもたちの心は民話の世界へと引き込まれていった。そして，民話のお話に思いを寄せたからこそ，今現在，目の前にある風景ではない遠い昔の景色が子どもたちに見えたのだろう。西崎邸から，清勝寺へ行く途中の「あっ，ここに人力車で通った跡が2本ある」，竹やぶで紙芝居を観たときの「ここやったんやな！」など，今と昔がつながった瞬間，子どもたちの心は揺れ動き，感性が豊かになっていく。そして，感じたことを友だちに伝え，共感することの喜びをを味わい，表現する楽しさも知った。

　また子どもたちは，民話によって，自分の住んでいる地域にこのような心優しい方がいたのだということを知り，故郷が大好きになり，誇りをもって大きくなっていくことだろう。

2）保護者にとって

　「いいお話ですね。すごい方がいらしたのですね」と民話を知らなかった保護者は，紙芝居を見て感動し，地域への関心も深まっていった。また，自分が園児のときに，民話の取り組みをしたことを思い出した保護者もおり，ふるさとのよさを再確認でき，子どもたちと同じ思いを共有することができた。

3）保育者にとって

　保育者自身も民話を知り，地域に愛着をもつことが大切である。

　その地域の思い，願いも知ることができ，そうした豊かな関わりが，子どもを育てる。

　故郷に愛着と誇りをもてる子どもに育つことが，豊かな心をもつ人への成長につながるのだということを実践を通して確信し，誇りと使命感をもつことができる。

（2）今後の課題と展望

　子どもたちが“わがまち高砂”に愛と誇りがもてるように，高砂市の随所にある民話に親しみ理解ができるように，自分の地域だけでなく，その他の地域の民話の地を旅散歩する。そして保育の施設が核となって，子どもたちを通して地域の老人会，保護者などいろいろな方へ語り継ぐ，または教えていただくなど，感謝を込めて継承していきたい。そのことで，20数年前より，高砂の各地に残る民話を子どもたちに語り伝えようと，先輩保育者や地域や専門家の方々の思いがひとつになり取り組んできたことが，形を変えながら次世代へと願いが引き継がれていく保育でありたい。今を生きる子どもたちのため。そして未来を生きる誰かのために。

コラム
外国の絵本から楽しさを実感する保育実践

＊外国の絵本を日本の子どもに読み聞かせ

　名作といわれる絵本は翻訳されて日本でも多く出回っている。しかし，それらの絵本は，国によって物語の展開も絵も微妙に相違点がみられる。特に世界何か国にも翻訳されている名作になると，挿絵・ストーリーなどにその違いがはっきりしている。

　筆者がフィンランドで手に入れた『赤ずきん』『三びきのやぎのがらがらどん』は，日本の絵本と違って挿絵もソフトで，ストーリーも少し変えてあって，大変おもしろい絵本だった。

　そこで，「保育所で，保育士に即興で子どもたちにその絵本で読み聞かせをしたら，子どもたちの反応はどのようになるだろうか」と提案をしてみた。

> **そのときの子どもの姿**
> 　子どもたちは，絵本の絵のタッチが違うこと，そして，保育士が話す日本語での話に目を輝かせていた。

　絵本の読み聞かせは，通常，絵本を見せながら進めていくが，いつもと違った展開に子どもたちは敏感に反応していた。あわせて外国の絵本を見せながら，日本語での話は，一見ミスマッチのようにも感じられるが，子どもたちはそうではなく，初めて目にする描写に新奇な目新しさを感じて，それがおもしろかったようだ。

　こうして1冊の外国の絵本を基にした保育は，マニュアル的に進めるだけではなく，少しの工夫を加えることで子どもも保育者も楽しくなるのではないだろうか。このような保育の方法は，一つのアイデアであり，今後も大切にしたい。

＊最後のページ（結論）を想像する絵本の読み聞かせ
作品名『ぼく，いってくる！』
マチュー・モデ作，ふしみみさを訳，光村教育図書，2013.

> **ストーリー**
> 　ことりのぼうやが「よーし　きめた！　いってくる！」と言って旅に出かける話である。
> 　ママ・パパ・おじいちゃん・おばあちゃん・おにいちゃん・おねえちゃんなどが，「だったら　この○○をもっておゆき」と旅に出かけるための協力をしてくれる話である。

この絵本の展開がおもしろいところは，ラストページまでどこに行ったか書かれていない。これをみんなで想像してみるといった展開である。
　絵本の最後がどのようになったのかが書かれていないのである。これを子どもたちに問いかけることにより，子どもの想像性をみることができる。

＊絵本のストーリーを見て題名を考えてみる
作品名『すきすきちゅー！』
イアン・ホワイブラウン文，ロージー・リーヴ絵，おびかゆうこ訳，徳間書店，2004.

> ストーリー
> 　ねずみのちゅーちゃんは，おとうさんが出かけるしたくをはじめたので，おるすばんのやくそくを聞かれ，答えた。忘れものはないかいときかれ，ちゅーちゃんは，なにもおもいつかない。おとうさんは，いそいで，出かけていった。
> 　ちゅーちゃんは，「とうちゃん　まって―　わすれものが　あったよ！」と追いかけていった。
> 　「ねー　とうちゃん　だいじなことを　わすれてたよ！」とさけびながらおいかける。

「ちゅーちゃんは，いったい何をわすれたのでしょう」「それをみんなで考えてみよう」「題名も考えてみよう」といった問いかけをしたら，子どもはどのような反応をするだろうか？

　絵本の読み聞かせは通常，最後のページまで読み終わるのが一般的であるが，時々，子どもたちと楽しむおもしろい実践があってもよいと思われる。
　一人ひとりの子どもが自分なりの思いをもって理解して，その世界を楽しめるものなら，それは，子どもを想像の世界へといざなうことになるのではないだろうか。

索　引

英　字

ADHD	67
ESL	81
ICF	61
ST	70
WHO	61

あ

あいうえお表	89
愛　着	28
愛着理論	28
遊び歌	42
遊び言葉	43
アタッチメント	28
あやし遊び	34

い

言い間違い	20
いざこざ	17
一語文	17
インクルーシブ教育・保育	61
インクルージョン	61

う

ウォールディンガー	35
歌	42, 103

え

エインズワース	28
絵ばなし	40
絵　本	37, 57, 89, 103, 114

お

オールドカマー	75
おはなし	44, 88
おはなし迷路	91

か

外　言	21, 22
外国籍の子ども	2
外国にルーツのある子ども	73
外国の絵本	114
改正出入国管理法	74
会　話	84
関わり	67
書き言葉	24
学習障害	67

片手遣い人形	50
紙芝居	39, 109
緘　黙	67

き

聞　く	86
吃　音	65
基本的生活習慣	22, 32
共　感	27
切り抜き人形	39

く

クーイング	13
倉橋惣三	42

け

劇遊び	48, 58
限局性学習症	67
言語障害	64
言語聴覚士	70
言語的発話	14
言語発達遅滞	66
原始反射	12

こ

口演童話	45
構音器官	65
構音障害	65
国　語	26, 83, 86, 88
国際生活機能分類	61
ごっこ遊び	19, 23, 25, 35
言葉遊び	24, 92
言葉がけ	71
言葉の仕組みと発達	63
言葉の受容	66
言葉の発達	11
言葉の表出	64
コミュニケーション	27, 62
誤　用	20
5領域	1

さ

三項関係	29

し

詩	42
自己主張	20
質問期	18, 20

指導案	93, 97, 101
児童文学	41
自発運動	12
自閉症スペクトラム	67
地元言葉	88
障　害	61
小学校学習指導要領	6
初　語	13, 14, 30
しりとり	43, 89
身体遊び	43

す

ストーリーテリング	45
ストレンジ・シチュエーション法	28

せ

生活発表会	58
生活リズム	29
世界保健機関	61

そ

促　音	92

た

対　話	27
立　絵	39
多文化共生事例集	75
多文化共生保育	73

ち

知的障害	66
注意欠陥／多動性障害（注意欠如・多動症）	67
長　音	92
調音器官	65

て

手遊び	23, 43
テーブル人形	50
手　紙	90

と

トータルコミュニケーション	69

な

内　言	21, 24
なぞなぞ	43

索　引　117

喃　語	13

に

二項関係	29
二語文	18
ニューカマー	73, 75
人形劇	46, 50

ね

ねらい	8, 97, 98, 100

は

配慮を必要とする子ども	60
発達障害	67
話し言葉	23, 88
話　す	83
パネルシアター	40

ひ

ピアジェ	16
非言語的コミュニケーション	13
ひとり言	21, 24
標準語	88

ふ

ファンツ	12
ふれあい遊び	34, 43
プロジェクトアプローチ	80
プロジェクトワーク	82
プロソディー	65

へ

平行遊び	22
ペープサート	39, 50

ほ

保育教材	50
保育所保育指針	1, 5, 27, 31
保育の実施	98
保育の振り返り	58, 98
棒遣い人形	50
ボウルビィ	28
母　語	77, 88
母国語	77
ボルノー	2

ま

マカトン法	70
まきとり絵	40

み

見立て遊び	19
3つの「資質・能力」	3, 6
民　話	102

む

昔　話	88

め

命名期	18

めくり絵	40

も

物の取り合い	17
模　倣	19

ゆ

指さし	13

よ

拗　音	92
幼児音	21
幼児期の終わりまでに育ってほしい10の姿	6
幼児語	21
幼稚園教育要領	1, 5, 31
幼年童話	41
幼年文学	41
幼保連携型認定こども園教育・保育要領	1, 5, 31
読み書き	89
読み言葉	24

り

リズム遊び	23, 43
領域「言葉」	4

わ

わらべうた	23, 43

〔編著者〕 (執筆分担)

大橋喜美子 (おおはしきみこ)　　大阪総合保育大学　特任教授　　第1章

川北　典子 (かわきたのりこ)　　大谷大学教育学部　教授　　第4章1（1）〜（5）・コラム

〔著　者〕（五十音順）

糸井　嘉 (いといよしみ)　　京都女子大学発達教育学部　助教　　第4章1（6）（7）・2

大森　弘子 (おおもりひろこ)　　京都文教大学こども教育学部　准教授　　第3章

岡本　雅子 (おかもとまさこ)　　元関西福祉科学大学教育学部　教授　　第2章1・2

小川　徳子 (おがわとくこ)　　京都文教短期大学　非常勤講師　　第8章1〜3

隠岐　厚美 (おきあつみ)　　神戸女子大学文学部　准教授　　第2章3・4

久保木亮子 (くぼきりょうこ)　　神戸親和女子大学　　第4章実践例，第8章実践例
　　　　　　　　　　　　おやこふらっとひろば北　所長

多田　琴子 (ただきんこ)　　神戸常盤大学教育学部　教授　　第7章

長谷　雄一 (はせゆういち)　　元豊岡短期大学　教授　　第9章コラム

平野　知見 (ひらのともみ)　　京都文教大学子ども教育学部　准教授　　第6章

福井姿寿子 (ふくいしずこ)　　高砂市立阿弥陀こども園　園長　　第9章1〜4

安原千香子 (やすはらちかこ)　　大阪保育福祉専門学校　学校長　　第5章

保育内容 指導法「言葉」
—乳幼児と育む豊かなことばの世界—

2019年（令和元年）12月20日　初 版 発 行
2023年（令和5年）2月10日　第3刷発行

編 著 者　　大 橋 喜美子
　　　　　　川 北 典 子
発 行 者　　筑 紫 和 男
発 行 所　　株式会社 建 帛 社
　　　　　　　　　　KENPAKUSHA

〒112-0011 東京都文京区千石4丁目2番15号
TEL（03）3944－2611
FAX（03）3946－4377
https://www.kenpakusha.co.jp/

ISBN 978-4-7679-5119-5　C 3037　　　　　　　亜細亜印刷／愛千製本所
©大橋喜美子・川北典子ほか, 2019.　　　　　　　Printed in Japan
（定価はカバーに表示してあります）

本書の複製権・翻訳権・上映権・公衆送信権等は株式会社建帛社が保有します。

JCOPY 〈出版者著作権管理機構　委託出版物〉
本書の無断複製は著作権法上での例外を除き禁じられています。複製される
場合は，そのつど事前に，出版者著作権管理機構（TEL03-5244-5088，
FAX03-5244-5089，e-mail：info@jcopy.or.jp）の許諾を得て下さい。